Silvia Zahner

Karl Mays ‚Ich‘ in den Reiseerzählungen und im Spätwerk

Eine erzähltheoretische Analyse

Sonderheft der Karl-May-Gesellschaft Nr. 123/2001

Für meine Mutter

1 Inhaltsverzeichnis

1 Inhaltsverzeichnis _____ *3*

2 Einleitung _____ *5*

3 Analyse der einzelnen Werke _____ *7*

3.1 Die Ich-Erzählung _____ **7**

3.2 Der Orientzyklus _____ **9**
3.2.1 Entstehung und Aufbau _____ 9
3.2.2 Der Ich-Erzähler auf der Erzählerebene _____ 11
3.2.3 Der Ich-Erzähler auf der Handlungsebene _____ 15
3.2.4 Die Figuren auf der Handlungsebene _____ 20
3.2.5 Direkter Redebericht / Dialog _____ 31
3.2.6 Vermischung der Perspektiven _____ 34

3.3 Winnetou – Trilogie _____ **40**
3.3.1 Entstehung und Aufbau _____ 40
3.3.2 Dialog _____ 40
3.3.3 Innerlichkeit _____ 41
3.3.4 Der Ich-Erzähler _____ 42
3.3.5 Vermischung der Perspektiven _____ 44

3.4 Weihnacht! _____ **45**
3.4.1 Entstehung und Aufbau _____ 45
3.4.2 Dialog _____ 46
3.4.3 Innerlichkeit _____ 47
3.4.4 Der Ich-Erzähler _____ 49
3.4.5 Vermischung der Perspektiven _____ 50

3.5 Im Reiche des silbernen Löwen I-IV _____ **52**
3.5.1 Entstehung und Aufbau _____ 52
3.5.2 Dialog _____ 53
3.5.3 Innerlichkeit _____ 58
3.5.4 Der Ich-Erzähler _____ 60
3.5.5 Vermischung der Perspektiven _____ 61

3.6 Am Jenseits _____ **63**
3.6.1 Entstehung und Aufbau _____ 63
3.6.2 Dialog _____ 64
3.6.3 Innerlichkeit _____ 67
3.6.4 Der Ich-Erzähler _____ 67
3.6.5 Vermischung der Perspektiven _____ 69

3.7 Und Friede auf Erden! _____ **70**
3.7.1 Entstehung und Aufbau _____ 70
3.7.2 Dialog _____ 71
3.7.3 Innerlichkeit _____ 74
3.7.4 Der Ich-Erzähler _____ 75

4

3.7.5 Vermischung der Perspektiven _____ 76

3.8 Ardistan und Dschinnistan _____ 79
3.8.1 Entstehung und Aufbau_____ 79
3.8.2 Dialog _____ 79
3.8.3 Innerlichkeit_____ 83
3.8.4 Der Ich-Erzähler _____ 84
3.8.5 Vermischung der Perspektiven _____ 86

3.9 Winnetou IV _____ 89
3.9.1 Entstehung und Aufbau_____ 89
3.9.2 Dialog _____ 89
3.9.3 Innerlichkeit_____ 91
3.9.4 Der Ich-Erzähler _____ 91
3.9.5 Vermischung der Perspektiven _____ 92

4 Zusammenfassung der Analysen _____ *94*

4.1 Dialog_____ 94

4.2 Innerlichkeit _____ 95

4.3 Der Ich-Erzähler _____ 96

4.4 Vermischung der Perspektiven_____ 97

*5 Charakterisierung des Ich*_____ *99*

6 Bibliographie _____ *109*

2 Einleitung

> Wahrlich, unsere Klassiker leben nicht etwa nur ihrer schönen Formen wegen noch!
> Diese Formen sind von dummen Jungen noch viel besser nachgemacht worden. Son-
> dern der Inhalt ist es, daß sie noch leben. Leben ist ja Inhalt.
> (An Sascha Schneider, 8.7.1904)[1]

Dieses Zitat von Karl May zeigt, wieviel ihm der Inhalt von Büchern bedeutet. Doch
wird der Inhalt immer auch von der Form mitbestimmt. Je nachdem, in welcher Form
eine Erzählung geschrieben ist, hat dies wesentliche Auswirkungen auf ihren Inhalt.
Karl Mays Werke wurden bis jetzt vor allem auf den Inhalt hin untersucht. Sie werden
kritisiert wegen der Wiederholungen der Motive wie Anschleichen, Belauschen, Ge-
fangennehmen, Befreiung und gelobt für die vielfältigen Variationen dieser immer
gleichen Motive wie bei Harald Fricke[2]. Mit Hilfe der Psychoanalyse versuchen viele
Interpreten, wie zum Beispiel Hans Wollschläger[3], Mays geistigen Zustand während
des Schreibens herzuleiten und sogar auf Grund der Werke Lücken in seiner Biographie zu schliessen. Doch diese Interpretationen scheinen mir sehr spekulativer Natur,
und ich möchte mich deshalb der Kritik von Melk[4] anschliessen. Wieder andere Interpreten nähern sich Karl May von der leserpsychologischen Seite wie Frigge[5] und
Böhm[6].
Ich möchte alle diese Interpretationen für meine Arbeit unberücksichtigt lassen und
mich ausschliesslich der Form zuwenden. Diese wurde noch kaum und wenn, dann nur
ansatzweise untersucht. Werner Kittstein[7] führt in seinem Buch über Karl Mays Erzählkunst in *Der Geist des Llano estakado* erstmals erzähltheoretische Begriffe ein. Ich
möchte in meiner Arbeit nun weitergehen und Karl Mays Ich-Erzählungen mit dem auf
der Erzähltheorie basierenden Beschreibungsmodell von Rolf Tarot[8] untersuchen. Ich
werde aufzeigen, welche erzählerischen Mittel Karl May in seinen Ich-Erzählungen
gebraucht und ob und wie sich ihre Häufigkeit und ihr Gebrauch von den Reiseerzählungen bis zum Spätwerk verändert. Auf Grund meiner Analyse möchte ich dann den
Charakter des Ich und seine Entwicklung darstellen. Es ist eine rein textimmanente
Analyse, das heisst, inwieweit der Autor Karl May sich selbst als der Erzähler dieser
Geschichten sah (eine im 19. Jahrhundert und zum Teil bis heute gängige, aber falsche
Annahme), spielt keine Rolle. Auch nicht der Vorwurf, Karl May habe mit seinen seitenlangen Dialogen oder dem wiederholten Freilassen von Feinden, die dann sofort
wieder neue Schandtaten begehen, Zeilen schinden wollen. Der Ich-Erzähler ist wie
jeder Erzähler eine vom Autor geschaffene Instanz, also ein fiktives Aussagesubjekt,
und nicht mit diesem identisch. Bei der aus meiner Analyse folgenden Charakterisierung des Ich halte ich mich an das Grundgesetz der Fiktion: „Wahr bzw. wahrschein-

---

1   Zitiert aus Hatzig, Karl May. Sonderheft der KMG Nr. 103/1995, S. 19
2   Fricke, Wie trivial sind Wiederholungen?
3   Wollschläger, Karl May, S. 189-291
4   Melk, Werte- und Normensystem ..., S. 13-16
5   Frigge, Das erwartbare Abenteuer
6   Böhm, Karl May und das Geheimnis seines Erfolges
7   Kittstein, Karl Mays Erzählkunst
8   Tarot, Narratio viva

6

lich ist alles, was der Erzähler mitteilt, solange es nur innerhalb der entworfenen Welt widerspruchsfrei zugeht"[9]. Das heisst, die Fiktion wird nicht, wie Kittstein sagt[10], zerstört dadurch, dass Karl May sein erlebendes Ich Kara Ben Nemsi bzw. Old Shatterhand als erzählendes Ich unter dem Namen Karl May seine Erlebnisse niederschreiben lässt. Kara Ben Nemsi/Old Shatterhand droht verschiedene Male damit, dass die Leute sich in seinen Büchern wiederfinden werden. In der vom Autor Karl May entworfenen Welt lebt folglich ein Reiseschriftsteller, der in späteren Erzählungen Karl May genannt wird und als Old Shatterhand bzw. Kara Ben Nemsi Abenteuer erlebt, die er dann zuhause niederschreibt. Inwieweit Karl May bewusst war, dass die Leser ihn mit seinem Ich-Erzähler identifizieren, spielt wie gesagt keine Rolle. Die Erzähltheorie zeigt klar, dass der Autor mit seinem von ihm geschaffenen Erzähler nicht identisch[11] ist.

Ich möchte nun einige Bemerkungen zur Vorgehensweise in meiner Arbeit machen. Ich konnte nicht alle von Karl May geschriebenen Ich-Erzählungen berücksichtigen, da dies den Rahmen der vorliegenden Arbeit sprengen würde. Folglich habe ich keine Kurzerzählungen berücksichtigt, ebensowenig die Vorabdrucke in den Zeitschriften. Bei den Spätwerken, also *Am Jenseits*, *Und Friede auf Erden*, *Im Reiche des silbernen Löwen III+IV*, *Ardistan und Dschinnistan* und *Winnetou IV*, habe ich alle Bände berücksichtigt, weil die Ergebnisse der Analysen zum Teil deutliche Unterschiede aufweisen. Bei den Reiseerzählungen (um bei der in der Karl-May-Literatur eingebürgerten Unterscheidung zu bleiben) musste ich eine Auswahl treffen, einerseits, weil es zu viele Bände sind, und andererseits, weil die Analysen der einzelnen Reiseerzählungen in etwa die gleichen Ergebnisse bringen. Ich habe mich für die beiden gängigsten Werke, also die als *Orientzyklus* bekannten sechs Bände von *Durch die Wüste* bis *Der Schut* und *Winnetou I-III* entschieden, weil in ihnen Kara Ben Nemsi bzw. Old Shatterhand eingeführt wird, ausserdem *Im Reiche des silbernen Löwen I+II*, da ich den *Silberlöwen I-IV* als Einheit verstehe, und dazu noch den Band *Weihnacht*, weil dieser die letzte im wilden Westen handelnde Reiseerzählung vor der Wende zum Spätwerk ist. Ich habe soweit als möglich die historisch-kritische Ausgabe benutzt und für das Spätwerk die Reprints der Fehsenfeld-Ausgabe. Ich behandle die Werke in der Reihenfolge ihres erstmaligen Erscheinens. Da Ich-Erzählungen in der Literatur eine Minderheit ausmachen und in der Erzähltheorie als Stiefkind der Er-Erzählungen behandelt werden, erkläre ich in der Analyse des *Orientzyklus* ausführlich alle vorkommenden erzählerischen Mittel und ihre Besonderheit für die Ich-Erzählungen von Karl May. In den nachfolgenden Analysen werde ich mich dann auf vier Themen beschränken, nämlich ,Dialog', ,Innerlichkeit', ,Ich-Erzähler' und ,Vermischung der Perspektiven', da diese die häufigsten von Karl May benutzten erzählerischen Mittel beinhalten. Die letztgenannte Kategorie ist so nirgends in der Erzähltheorie beschrieben. Es ist eine Besonderheit von Karl May und für die Charakterisierung des Ich von Bedeutung.

9   Kittstein, Fiktion als erlebte Wirklichkeit … JbKMG 1998, S. 249
10   ebd.
11   Tarot, Narratio viva, S. 60-61

3 Analyse der einzelnen Werke

3.1 Die Ich-Erzählung

Bevor ich mit der eigentlichen Analyse beginne, möchte ich kurz darlegen, welche Besonderheiten eine Ich-Erzählung aufweist. In der Erzähltheorie unterscheidet man die Ich-Erzählung von der Er-Erzählung. Ein Roman oder eine Erzählung wird, vor allem auch im 19. Jahrhundert, von einem Erzähler erzählt. Der Erzähler ist eine vom Autor geschaffene Instanz, mit der einzigen Aufgabe, eine Geschichte zu erzählen. Der Erzähler ist also nicht identisch mit dem Autor, obwohl das im 19. Jahrhundert und zum Teil leider bis heute eine gängige Annahme ist, sondern der Erzähler ist Teil der Fiktion, also das fiktive Aussagesubjekt. Die Geschichte, die erzählt wird, ist eine fingierte Wirklichkeit, die sich mehr oder weniger eng an die empirische Wirklichkeit anlehnen kann. Der Leser lässt sich auf diese fingierte Wirklichkeit ein und akzeptiert deren Bedingungen, auch wenn sie der Realität unserer empirischen Wirklichkeit widersprechen.

Ich werde nun zuerst die Er-Erzählung darstellen, weil sie in der Literatur weitaus häufiger anzutreffen ist als die Ich-Erzählung. Ausserdem treffen viele Dinge für beide Erzählweisen zu, so dass ich später nur noch zeigen kann, worin sich die Ich- von der Er-Erzählung unterscheidet.

Die Er-Erzählung ist eine diegetisch-fiktionale Erzählweise, in der man die Erzähler-von der Handlungsebene unterscheidet. Der Erzähler ist an der Handlung nicht beteiligt[12], er erzählt sie. Er ist objektiv und mehr oder weniger allwissend. Er kann die Handlung chronologisch erzählen oder vorwärts und rückwärts springen, wie es ihm beliebt. Er kann dem Leser Hilfen mit Kommentaren geben und ihn einbeziehen, indem er ihn zum Beispiel direkt anspricht. Er lenkt die Sympathien des Lesers, indem er bestimmte Figuren in den Vordergrund rückt. Er entscheidet, was erzählt wird und was nicht. Er erzählt die Handlung im Präteritum, da diese zum Zeitpunkt des Erzählens abgeschlossen und vergangen ist. Er ist die Vermittlungsinstanz, die von etwas Vergangenem berichtet.

In der historischen Entwicklung des Romans galt der Erzähler zunächst als Person. Doch das brachte ein Problem mit sich, nämlich die Frage, woher er sein Wissen hatte, vor allem wenn er ausführlich über die Innerlichkeit seiner Figuren berichtete. Dieses Legitimierungsproblem führte im 19. Jahrhundert dazu, dass neue Erzählweisen gesucht wurden, in denen der Erzähler zunächst entpersonifiziert und zur neutralen Vermittlungsinstanz gewandelt und mit der Wende zum 20. Jahrhundert allmählich ganz zum Verschwinden gebracht wurde. Diese Erzählweise, die nur noch die Handlungsebene darstellt, wird mimetisch-fiktional genannt. Die Handlung wird durch die Perspektive der Figuren wahrgenommen, die Vermittlungsinstanz mit ihrem Legitimierungsproblem fällt weg, und die Erzählung wird unmittelbar dargestellt. Auch in mimetisch-fiktionalen Texten bleibt das Präteritum das Tempus der Erzählung, doch es verliert seinen Vergangenheitscharakter. Es wird zum epischen Präteritum, das die Unmittelbarkeit der Darstellung nicht untergräbt.

---

12 ebd., S. 30

Im 19. Jahrhundert sind die meisten Texte erzählerische Übergangsformen mit diegetisch-fiktionalen und mimetisch-fiktionalen Elementen. Die Entwicklung zeigt sich in der Zunnahme von Dialogpassagen und der quantitativen Reduktion des Erzählers. Ausserdem geht mit der Steigerung der Unmittelbarkeit die Förderung erzählter Innerlichkeit einher[13]. Ob ein Text als diegetisch-fiktional oder als mimetisch-fiktional charakterisiert wird, hängt von der Häufigkeit der berichtenden bzw. darstellenden erzählerischen Mittel ab.

Auch die Ich-Erzählung ist zunächst eine diegetisch-fiktionale Erzählweise mit Erzähler- und Handlungsebene. Die Besonderheit der Ich-Erzählung ist, dass der Erzähler mit einer Figur auf der Handlungsebene identisch ist, das heisst, er erzählt eine Geschichte, die er selbst erlebt hat. Dadurch fällt zwar das Legitimierungsproblem weg, da das Ich sich nur an das Erlebte zu erinnern braucht, um es erzählen zu können, aber dafür wird die Perspektive drastisch eingeschränkt. Es gibt nur noch die Sichtweise des Ich, der objektive und allwissende Erzähler fällt weg. Der Ich-Erzähler kann nur berichten, was er selbst erfahren hat. In der Literatur sind Ich-Erzählungen selten und die Erzähltheorie behandelt sie als eingeschränkte Er-Erzählungen. Es werden aber immerhin drei verschiedene Formen von Ich-Erzählungen unterschieden.

In Tagebuch- oder Briefromanen schreibt das erzählende Ich unmittelbar nach dem Ereignis dieses nieder. Die Handlung ist zum Zeitpunkt der Niederschrift noch nicht abgeschlossen, das erzählende Ich hat nur einen geringen zeitlichen Abstand zum Erzählten. In einer typischen Ich-Erzählung wie die *Bekenntnisse des Hochstaplers Felix Krull* von Thomas Mann jedoch erzählt der alte Felix Krull von den zum Teil Jahre zurückliegenden Ereignissen seines Lebens, die nun zum Zeitpunkt des Erzählens abgeschlossen sind. Der alte Krull hat sich durch diese Ereignisse verändert, hat neue Ansichten und Einsichten gewonnen. Erzähler und Held der Geschichte sind also identisch. Stanzel nennt dies eine quasi-autobiographische Ich-Erzählung[14]. Stanzel unterscheidet diese Form vom peripheren Ich-Erzähler[15], der Beobachter, Zeitgenosse und/oder Biograph der Hauptfigur ist, wie zum Beispiel Dr. Watson in den Sherlock-Holmes-Geschichten von Arthur Conan Doyle.

Auch in den Ich-Erzählungen findet im 19. Jahrhundert ein allmählicher Wandel von der diegetisch-fiktionalen zu einer mimetisch-fiktionalen Erzählweise statt. Doch es scheint schwieriger zu sein, den Ich-Erzähler zu eliminieren, als einen Er-Erzähler. Das hängt vermutlich damit zusammen, dass der Ich-Erzähler durch seine Identität mit einer Figur auf der Handlungsebene nicht entpersonifiziert werden kann. Aber sein Anteil am Text wird mehr und mehr eingeschränkt. Das berichtete/erzählte Ich auf der Handlungsebene wandelt sich allmählich zu einem erlebenden/beobachtenden Ich, in dessen Bewusstsein die Handlung widergespiegelt wird. Stanzel nennt dies eine Reflektorfigur[16].

Da Ich-Erzählungen in der Literatur eher selten vertreten sind, ist es umso auffälliger, dass bei Karl May bis auf die Erzählungen für die Jugend und die Kolportageromane alle seine Reiseerzählungen und sein Spätwerk Ich-Erzählungen sind. In den Reiseer-

---

13 Tarot, Narratio viva, S. 170
14 Stanzel, Theorie des Erzählens, S. 259
15 ebd., S. 263
16 ebd., S. 271

zählungen sind Erzähler und Held der Geschichte identisch. Trotzdem entsprechen sie nicht ganz der quasi-autobiographischen Form der Ich-Erzählung, da das Ich bei Karl May nicht im Alter Jugenderinnerungen erzählt, sondern nach jedem Abenteuer nach Hause zurückkehrt, um das Erlebte niederzuschreiben. Die erzählten Ereignisse liegen zum Zeitpunkt des Erzählens nicht sehr lange zurück, sind aber im Gegensatz zum Tagebuch- oder Briefroman abgeschlossen. Im Spätwerk wandelt sich der Ich-Held der quasi-autobiographischen Form allmählich zu einem peripheren Ich-Erzähler. Das erlebende Ich entwickelt sich vom Helden, der hie und da das Geschehen reflektiert, immer mehr zum ausschliesslichen Beobachter und Reflektor der Ereignisse.

Meine Analyse wird zeigen, dass Karl May die Entwicklung seiner Zeit von der diegetisch-fiktionalen zur mimetisch-fiktionalen Erzählweise mitmacht. Bereits seine Reiseerzählungen haben einen mimetisch-fiktionalen Charakter, da der Anteil der Handlungsebene am Text denjenigen der Erzählerebene weit übersteigt. Karl May benutzt dabei das einfachste Mittel zur Erzeugung von Unmittelbarkeit, nämlich den Dialog. Ich werde also in der Folge das Ich auf der Handlungsebene mit den Begriffen erlebendes Ich oder Reflektorfigur bezeichnen, obwohl durch das erzählende Ich immer wieder diegetisch-fiktionale Elemente in den Texten zu finden sind. Doch, wie bereits gesagt, sind im 19. Jahrhundert die meisten Texte Übergangsformen, und Karl May bildet da keine Ausnahme. Auch bei ihm ist die in der historischen Entwicklung festgestellte Förderung erzählter Innerlichkeit auszumachen, die aus dem Handlungsroman immer mehr einen psychologischen Roman macht. Dies wird sich bei der Analyse des Spätwerks zeigen, in dem die Darstellung von Innerlichkeit immer wichtiger wird.

In der nun folgenden Analyse werde ich die Begriffe Ich-Erzähler und erzählendes Ich als Synonyme gebrauchen. Mit den Namen Old Shatterhand und Kara Ben Nemsi ist immer nur das erlebende Ich auf der Handlungsebene gemeint, denn der Ich-Erzähler am Schreibtisch führt bekanntlich den Namen Karl May.

3.2 Der Orientzyklus

3.2.1 Entstehung und Aufbau

Der *Orientzyklus* umfasst die Bände *Durch die Wüste, Durchs wilde Kurdistan, Von Bagdad nach Stambul, In den Schluchten des Balkan, Durch das Land der Skipetaren* und *Der Schut*. Alle Bände sind in Kapitel eingeteilt mit Nummerierung und Überschrift; der erste in zwölf, die andern in jeweils sieben oder acht. Der letzte Band hat zudem einen Anhang, eine kleine in sich geschlossene Erzählung, die ungefähr acht Jahre nach dem vorher Erzählten stattfindet. Er ist in den Jahren 1881 bis 1888 als Fortsetzungsroman in Zeitschriften erschienen und wurde 1892 in Buchform bei Fehsenfeld herausgegeben.

Der *Orientzyklus* beginnt unvermittelt mit einem Dialog, der die beiden Hauptpersonen einführt und sie und ihr Verhältnis zueinander charakterisiert. Es sind das Ich, genannt Kara Ben Nemsi, und sein Diener und Freund Hadschi Halef Omar Ben Hadschi Abul Abbas Ibn Hadschi Dawud al Gossarah. Diese beiden bestehen alle Abenteuer in den sechs Bänden, meist nicht allein, sondern mit wechselnden Begleitern. Ich setze den Inhalt als bekannt voraus und möchte nur kurz die Handlungsstruktur skizzieren. In *Durch die Wüste* werden drei Handlungsfäden begonnen und wieder fallengelassen, die erst im dritten bzw. vierten Band wieder aufgenommen werden. Der erste Faden ist das Auffinden des toten Franzosen in der Wüste und die Verfolgung seines Mörders Hamd el Amasat, der dabei den Vater von Omar Ben Sadek tötet, worauf dieser jenem Rache schwört. Der zweite Faden ist die Befreiung Senitzas aus den Händen Abrahim Mamurs in Ägypten. Sie ist die Verlobte von Isla Ben Maflei, dessen Vater und Onkel in Stambul bzw. Damaskus reiche Kaufleute sind. Der dritte Faden ist die Gefangenschaft bei Abu Seif und der Besuch Kara Ben Nemsis in Mekka. Abu Seif wird von Halef getötet, der dafür Hanneh, die Enkelin des Scheiks der Ateibeh zur Frau erhält und in deren Stamm aufgenommen wird. Somit scheint dieser Faden abgeschlossen. Nun beginnt, immer noch im Band *Durch die Wüste* eine neue Handlung (4. Faden), die bis zur Mitte des dritten Bandes durchgezogen wird, nämlich das Kennenlernen der Haddedihn und deren Scheik Mohammed Emin und die Befreiung dessen Sohnes Amad el Ghandur. In Kurdistan lernt Kara Ben Nemsi Marah Durimeh kennen, die in den Spätwerken grosse Bedeutung erlangen wird. Mohammed Emin wird in Kurdistan im Kampf getötet, die andern werden verletzt, als sie einen persischen Mirza retten. Amad el Ghandur verlässt die Gruppe, um Blutrache für seinen Vater zu nehmen. Beim Birs Nimrud wird der Mirza mit seiner Begleitung ermordet und Kara Ben Nemsi und Halef erkranken an der Pest. Damit ist dieser Handlungsfaden im zweiten Drittel des dritten Bandes abgeschlossen. Nun wird in Damaskus der zweite Faden wieder aufgenommen, denn Abrahim Mamur bestiehlt den Onkel von Isla Ben Maflei. Er wird nach Stambul verfolgt. Dort stellt sich heraus, dass er der Chef einer grösseren Verbrecherbande ist. Er wird von Omar Ben Sadek (1. Faden), der immer noch den Mörder seines Vaters sucht, getötet. Omar hat den Bruder von Hamd el Amasat gefunden, nämlich Barud el Amasat, der mit Manach el Barscha flieht. Barud el Amasat hatte Senitza entführt und an Abrahim Mamur verkauft. Darum wird er von Osko, dem Vater Senitzas, verfolgt. Kara Ben Nemsi erhält durch Zufall einen Brief von Hamd el Amasat an Barud el Amasat, der Auskunft gibt, wo sich die beiden treffen wollen. Kara Ben Nemsi, Halef, Omar und Osko machen sich nun an die Verfolgung. Diese zieht sich hin bis zum sechsten Band, in dem alle Feinde bestraft werden. Während der Verfolgung stellt sich heraus, dass die Verbrecherbande um Abrahim nur ein Teil einer viel grösseren Organisation mit dem Schut an der Spitze ist. Die Gruppe der Verfolgten wird immer grösser, denn zu Manach el Barscha und Barud el Amasat kommen noch der Münedschi, Suef und die beiden Aladschy hinzu. Durch den Münedschi wird der dritte Faden nochmals aufgenommen, denn er war einer in der Menge, die Kara Ben Nemsi in Mekka fangen wollte. Vom Ende des dritten Bandes an werden alle Fäden zu einem Strang verbunden, der erst im sechsten Band wieder aufgelöst wird, wenn nach und nach alle Verbrecher bestraft werden. Auf der Verfolgungsjagd erhalten sowohl Freunde wie Feinde Hilfe aus der Bevölkerung der jeweiligen Orte. Die Begegnungen mit der Bevölkerung führen immer wieder zu kleinen Nebenhandlungen, die aber die grosse Verfolgungsjagd nicht stören, sondern eher die grosse Spannung für kurze Zeit lockern.

Der Anhang knüpft nochmals am vierten Faden an, denn Amad el Ghandur will das Grab seines Vaters besuchen. Dabei wird Rih, das herrliche Pferd von Kara Ben Nemsi, getötet. Der Anhang ist aber trotz der Anknüpfung eine Geschichte für sich und in sich geschlossen. Sie findet erst acht Jahre nach dem vorher Erzählten statt. Diese Struktur der Handlung erklärt sich aus der Entstehungsgeschichte des *Orientzyklus*, der zum Teil aus älteren Kurzerzählungen entstanden ist, die dann zusammengefügt wurden. Da der sechste Band etwas zu kurz geriet im Verhältnis zu den andern Bänden, schrieb Karl May noch den Anhang. Trotz dieser aus einzelnen Geschichten zusammengesetzten Handlung bilden die sechs Bände eine Einheit, denn die Hauptfiguren sind immer dieselben. Auch in formaler Hinsicht ist der *Orientzyklus* eine Einheit. Ich werde nun zeigen, welche erzählerischen Mittel Karl May gebraucht und wie er sie verwendet. Viele der zitierten Beispiele stammen aus *Durch die Wüste*, was natürlich nicht heissen soll, dass es in den andern fünf Bänden nicht genauso gute Belegstellen gibt.

3.2.2 Der Ich-Erzähler auf der Erzählerebene

Das Erzählte spielt sich auf der Handlungsebene ab. Aber das erzählende Ich hat verschiedene Mittel, um sich auf der Erzählerebene in das Geschehen einzuschalten: den Tempuswechsel, die Leseranrede und den Erzählerkommentar. Diese Einmischungen sind deutliche Unterbrechungen der Handlung, denn das erzählende Ich wechselt vom Damals/Dort – Zeitpunkt der Handlung zum Hier/Jetzt – Zeitpunkt des Schreibens. Es zeigt sich dadurch eindeutig als Vermittlungsinstanz.

3.2.2.1 Tempuswechsel

Das Tempus der Handlungsebene ist in der Regel das Präteritum. Doch für die Erzählerebene ist das Tempus das Präsens, denn das erzählende Ich berichtet hier und jetzt, was damals dort geschah. Wenn es nun einen Kommentar macht oder seine Leser direkt ansprechen möchte, wechselt es vom Präteritum der Handlungsebene zum Präsens der Erzählerebene. Ich werde den Tempuswechsel im Zitat durch Kursivschrift herausheben, denn er erscheint in der Regel nur als einzelner Satz oder Teilsatz in der fortlaufenden Erzählung.

> Es waren mehrere Zeitungsbogen. Ich glättete die zusammengeknitterten Fetzen und paßte sie genau aneinander. Ich hatte zwei Seiten der ‚Vigie algérienne‘ und ebenso viel vom ‚L'Indépendant‘ und der ‚Mahouna‘ in den Händen. *Das erste Blatt erscheint in Algier, das zweite in Constantine und das dritte in Guelma.*
> (Durch die Wüste, S. 20)

Dies ist ein typisches Beispiel für einen auktorialen Tempuswechsel. Der Erzähler schaltet sich kurz ein, um etwas zu erläutern. Diese Art von Tempuswechseln ist im *Orientzyklus* relativ häufig. Sie erleichtern dem Leser das Verstehen der fremden Kultur und ihrer Eigenheiten, wie auch das folgende Beispiel zeigt:

> Zunächst wurde ein Sufrah vor uns hingelegt. *Dies ist eine Art Tischtuch von gegerbtem Leder, das an seinem Rande mit farbigen Streifen, Fransen und Verzierungen versehen ist. Es enthält zugleich eine Anzahl von Taschen und kann, wenn es zusammengelegt worden ist, als Vorratstasche für Speisewaren benützt werden.* Dann wurde der Kaffee gebracht. Für jetzt erhielt jeder Geladene nur ein kleines Täßchen voll dieses Getränkes. Dann kam eine Schüssel mit Salatah. *Dies ist ein sehr erfrischendes Gericht und besteht aus geronnener Milch mit Gurkenschnittchen, die etwas ge-*

salzen und gepfeffert sind. Zugleich wurde ein Topf vor den Scheik gesetzt. Er enthielt frisches Wasser, aus welchem die Hälse von drei Flaschen ragten. (Durch die Wüste, S. 302-303)

Beide Beispiele zeigen, dass das erzählende Ich bemüht ist, dem Leser alles klarzumachen. Es benutzt zwar die arabischen Wörter, erklärt sie aber sofort. Dieses Bestreben, alles zu erklären, zeigt sich nicht nur in Nebensächlichem wie hier dem Essen, sondern auch bei wichtigen Handlungen.

Das gnomische Präsens ist eine weitere Art des Tempuswechsels. Damit drückt ein Erzähler allgemeingültige Dinge aus.

> Als Europäer brauchte ich mich nicht abzuwenden, und so bemerkte ich zu meiner Verwunderung, daß keine Atmosphäre von Parfüm sie [die Frauen] umgab; *denn die Frauen des Morgenlandes pflegen sich so zu parfümieren, daß man den Geruch bereits aus einer beträchtliche Entfernung verspürt.* (Durch die Wüste, S. 169-170)

Beim erzählenden Ich darf man nicht vergessen, dass es eigentlich nichts absolut Objektives, sondern nur mehr oder weniger objektiv aussagen kann. Es bleibt dem Leser überlassen, ob er den Kommentar als objektiv und damit als allgemeingültig akzeptieren will. Zumindest wird die Allgemeingültigkeit der Aussage durch das Verb „pflegen" suggeriert. Das erzählende Ich beansprucht Allgemeingültigkeit seiner Aussagen auch durch Wendungen wie „wie man weiss".

Eine dritte Art des Tempuswechsels ist das tabularische Präsens. Es dient meist dazu, eine Landschaft zu beschreiben.

> Er ritt voran. *Der Khausser ist ein Bach oder Flüßchen, welches an den nördlichen Ausläufern des Dschebel Maklub entspringt und auf seinem Laufe nach Mossul die Ländereien zahlreicher Dörfer bewässert.* Wir ritten auf einer kleinen Brücke über ihn hinweg und hatten ihn dann stets zu unserer linken Seite. *Die Ruinen und das Dorf von Khorsabad liegen ungefähr sieben Wegstunden nördlich von Mossul. Die Gegend besteht aus Marschboden, aus welchem giftige Fieberdünste emporsteigen.* Wir eilten, unser Ziel zu erreichen [...]. (Durch die Wüste, S. 462-463)

Die Landschaft kann im Präsens beschrieben werden, weil sich diese seit den erzählten Ereignissen nicht verändert hat, also auch heute, das heisst zum Zeitpunkt des Schreibens, noch gleich aussieht, wie damals zum Zeitpunkt der Handlung.
Die Tempuswechsel sind ziemlich regelmässig verteilt, im Durchschnitt alle drei bis vier Seiten einer. Das zeigt, dass das erzählende Ich zwar vorhanden ist, sich aber eher im Hintergrund hält und nur die zum Verständnis des Geschehens nötigen Erklärungen abgibt.

3.2.2.2 Erzählerkommentar auf der Erzählerebene

Die Erzählerkommentare bieten dem erzählenden Ich die Möglichkeit, die Handlung zu kommentieren, dem Leser Wissen zu vermitteln oder über Gott und die Welt zu philosophieren. Sie sind mit dem Wechsel des Tempus verbunden, im Unterschied zur vorhin besprochenen Kategorie namens Tempuswechsel jedoch mehrere Sätze oder ganze Abschnitte lang. Der Wechsel von der Handlungs- auf die Erzählerebene unterbricht wie oben erwähnt die Handlung, was sich hier noch deutlicher zeigt als beim

Tempuswechsel. In diesem Werk sind solche Unterbrechungen nicht oft anzutreffen. Sie sind über den ganzen Text verstreut, im Durchschnitt findet sich ungefähr alle 24 Seiten eine Belegstelle. Dies gilt für die ersten drei Bände, während in den letzten drei Bänden immer weniger Belegstellen zu finden sind.

> Es war eine jener Barken, *welche man auf dem roten Meere mit dem Namen Sambuk bezeichnet.* Sie war ungefähr sechzig Fuß lang und fünfzehn Fuß breit und hatte eines jener kleinen Hinterdecke, *unter denen gewöhnlich ein Verschlag angebracht ist, welcher den Kapitän oder die vornehmen Passagiere beherbergt. So ein Sambuk hat außer den Riemen – denn er wird auch gerudert – zwei dreieckige Segel, von denen das eine so weit vor dem andern steht, daß es – vom Winde angeschwellt – ganz über das Vorderteil des Schiffes ragt und dort eine Art halbkreisförmigen Ballon bildet, wie man sie auf antiken Münzen und auf alten Fresken zu sehen pflegt. Man kann getrost annehmen, daß die Fahrzeuge diese Seestriches in Beziehung auf Bauart, Führung und Takelung noch ganz dieselben sind, wie sie im grauen Altertum hier gesehen wurden, und daß die heutigen Seeleute noch dieselben Buchten und Ankerplätze besuchen, welche bereits belebt waren zur Zeit, als Dionysos seinen berühmten Zug nach Italien unternahm. Die Küstenschiffe des roten Meeres sind gewöhnlich aus jenem indischen Holz gebaut, welches die Araber Sadsch nennen, und das sich mit der Zeit im Wasser dermaßen verhärtet, daß es unmöglich ist, einen Nagel einzuschlagen. Von einer Fäulnis dieses Holzes ist niemals die Rede, und so kommt es, daß man Sambuks zu sehen bekommt, welche ein Alter von beinahe zweihundert Jahren erreichen.*
>
> *Die Schiffahrt des arabischen Busens ist eine sehr gefährliche; deshalb wird während der Nacht niemals gesegelt, sondern ein jedes Fahrzeug sucht sich beim Nahen des Abends eine sichere Ankerstelle.* (Durch die Wüste, S. 154-155)

Wieder zeigt sich das Bestreben des erzählenden Ich, dem Leser alles anschaulich und verständlich zu machen. Im Band *Durchs wilde Kurdistan* beginnt das zweite Kapitel mit dem Zitieren eines Briefs aus dem 7. Jahrhundert, der den Einfluss der chaldäischen Christen beschreibt[17]. An diesen Brief denkt das erlebende Ich, nachdem es die Dschesidi verlassen hat. Das erzählende Ich erklärt, dass die chaldäischen Christen in der Geschichte längst nicht so tapfer waren wie jene, sondern sich von den Moslems verdrängen liessen und zum Zeitpunkt der Handlung ein unterdrücktes Dasein fristen. Dies alles dient als Hintergrund und Erklärung für die nun folgenden Begegnungen von Kara Ben Nemsi mit diesen Christen und letztlich auch für den besonderen Einfluss von Marah Durimeh. In *Von Bagdad nach Stambul* beginnt das erzählende Ich mit einer Einführung über den Islam[18]. Später folgt dann eine Beschreibung von Damaskus[19]. Damit sind im *Orientzyklus* die längeren Erklärungen zu geschichtlichen und/oder religiösen Hintergründen abgeschlossen, denn in den restlichen drei Bänden finden sich keine solchen Belegstellen mehr.

---

17 Durchs wilde Kurdistan, S. 101-105
18 Von Bagdad nach Stambul, S. 10-14
19 ebd., S. 300-303; S. 311-313

3.2.2.3 Leseranrede

Das erzählende Ich hat die Möglichkeit, den (fiktiven) Leser[20] anzusprechen. Dazu muss es auf die Erzählerebene wechseln, da der Leser nur auf dieser existiert. Es kann dies mehr oder weniger direkt tun. Direkt durch Floskeln wie „lieber Leser", was in diesem Text nirgends der Fall ist, oder indirekt, wie die folgenden Beispiele zeigen:

> [...] *so kann man sich denken,* daß er meine vollste Zufriedenheit besaß [...].
> (Durch die Wüste, S. 10)

Der „man", auf dessen Denken angespielt wird, ist der Leser, der so vom erzählenden Ich in die Handlung einbezogen wird.

> Ich streckte mich auf meine am Boden ausgebreitete Decke aus [...] und schloß die Augen, Nicht um zu schlafen, sondern um über unser letztes Abenteuer nachzudenken. *Aber wer vermag es, in der fürchterlichen Glut der Sahara seine Gedanken längere Zeit mit einer an sich schon unklaren Sache zu beschäftigen?* Ich schlummerte wirklich ein [...]. (Durch die Wüste, S. 34)

Dieses ist ein Beispiel für eine rhetorische Frage, die das erzählende Ich dem Leser stellt.

> *Wer englisch versteht, weiß, wen oder was er meinte;* ich mußte lachen.
> (Durch die Wüste, S. 319)

Diese Leseranrede richtet sie nur an einen Teil der Leserschaft, nämlich an denjenigen, der Englisch versteht. Der andere Teil wird im unklaren gelassen, wen oder was Sir David meinte. Ein seltener Beleg dafür, dass das erzählende Ich etwas nicht erläutert, obwohl es nicht voraussetzt, dass jeder es weiss.

Alle drei Beispiele sind durch den Wechsel auf die Erzählerebene gekennzeichnet, was sie immer noch recht deutlich als Leseranreden registrierbar macht. Es gibt aber noch versticktere Leseranreden, wie das folgende Beispiel:

> [...] sie enthielten *nämlich* alle drei einen Bericht über die Ermordung eines reichen französischen Kaufmannes in Blidah. (Durch die Wüste, S. 21)

Hier findet kein Tempuswechsel statt, wohl aber ein Wechsel auf die Erzählerebene, denn das Wort „nämlich" bezieht sich auf den Leser. Ohne das „nämlich" wäre der Teilsatz einfach eine Feststellung zum Inhalt der Zeitungsfetzen, die Kara Ben Nemsi findet. Mit dem „nämlich" wird es zu einer indirekten Leseranrede, so ungefähr im Sinne von: „Weisst du, es war der Bericht einer Ermordung!" Der Wechsel auf die Erzählerebene findet nur gerade in diesem kleinen Wort „nämlich" statt. Es ist wirklich ein Wechsel, denn der Leser existiert nur auf der Erzähler-, nicht aber auf der Handlungsebene. Noch ein ähnliches Beispiel:

> Da erhob sich draußen die scheltende Stimme meines Dieners Halef Agha. *Halef Agha? Ja, mein guter, kleiner Halef war ein Agha, ein Herr geworden, und wer hatte ihn dazu gemacht? Spaßhafte Frage! Wer denn sonst als er selbst!*
> (Durch die Wüste, S. 78)

---

20 Zum Verhältnis von Erzähler und Leser bzw. Autor und Leser: s. Tarot, Narratio viva, S. 60f.

Auch hier findet kein Tempuswechsel statt. Aber es ist eindeutig das erzählende Ich, das dem Leser Fragen suggeriert. Die Form ist diejenige der berichteten erlebten Rede, bei der das erzählende Ich für die Figur denkt. Hier denkt das erzählende Ich für den Leser. Es kommt bei Karl May hie und da vor, dass dem Leser Fragen untergeschoben werden und so eine Art Dialog des fiktiven Lesers mit dem erzählenden Ich stattfinden kann. Das erinnert stark an die mündliche Erzähltradition, in der die Zuhörer den Erzähler ohne weiteres mit Bemerkungen und Fragen unterbrechen können. Der Wechsel auf die Erzählerebene ohne Wechsel des Tempus ist per definitionem eigentlich unmöglich. Dieses Paradox kommt nur bei der indirekten Leseranrede vor, wie bei den beiden obigen Beispielen. Eine weitere Form dieser Art kommt in diesem Text nicht vor, nämlich Floskeln wie „Unser Held" und ähnliches, wo der Erzähler und der Leser eine Gemeinschaft bilden im Wort „unser". Alle diese Beispiele zeigen, dass Karl May die Finessen der indirekten Leseranrede beherrscht und anwendet. Trotz der vielen Beispiele, die ich brachte, finden sich gerade mal unefähr zehn Belegstellen pro Band. Das sind im Durchschnit alle 50 Seiten eine Leseranrede. Es ist auch nicht nötig, dass das erzählende Ich den Leser noch eigens in die Handlung mit einbezieht, da sich der Leser einer Ich-Erzählung in der Regel mit dem Ich identifiziert und so an der Handlung teilnimmt.

Diese drei Kategorien sind die einzigen Mittel, auf die Erzählerebene zu wechseln. Das erzählende Ich hat aber auch auf der Handlungsebene Möglichkeiten, sich ausdrücklich als erzählendes Ich einzuschalten. Das ist weniger auffällig, kann dafür aber mit andern Problemen verbunden sein, wie ich im Kapitel ‚Vermischung der Perspektiven' zeigen werde.

3.2.3 Der Ich-Erzähler auf der Handlungsebene

3.2.3.1 Erzählerkommentar

Auf der Handlungsebene beinhaltet der Erzählerkommentar in der Regel eine Einführung neuer Figuren. Der Erzähler nennt eine Figur beim Namen und/oder beschreibt sie. Im Gegensatz zum Er-Erzähler kann der Ich-Erzähler nur die Figuren einführen, die er bereits vor Beginn der Handlung kennt. Das erzählende Ich bei Karl May führt im *Orientzyklus* auf diese Weise nur Halef ein:

> So sprach Halef, mein Diener und Wegweiser [...]. Halef war ein eigentümliches Kerlchen. Er war so klein, daß er mir kaum bis unter die Arme reichte, und dabei so hager und dünn, daß man hätte behaupten mögen, er habe ein volles Jahrzehnt zwischen den Löschpapierblättern eines Herbariums in fortwährender Pressung gelegen. Dabei verschwand sein Gesichtchen vollständig unter einem Turban, der drei volle Fuß im Durchmesser hatte, und sein einst weiß gewesener Burnus, welcher jetzt in allen möglichen Fett- und Schmutznuancen schimmerte, war jedenfalls für einen weit größeren Mann gefertigt worden, so daß er ihn, sobald er vom Pferde gestiegen war und nun gehen wollte, empornehmen mußte wie das Reitkleid einer Dame. Aber trotz dieser äußerlichen Unansehnlichkeit mußte man allen Respekt vor ihm haben. Er besaß einen ungemeinen Scharfsinn, viel Mut und Gewandtheit und eine Ausdauer, welche ihn die größten Beschwerden überwinden ließ. (Durch die Wüste, S. 9-10)

Dieses Zitat ist wie gesagt die einzige Belegstelle für einen Erzählerkommentar auf der Handlungsebene im *Orientzyklus*. Figuren, die Kara Ben Nemsi im Verlauf der Handlung erst kennenlernt, müssen ihre Namen selbst nennen. Sie werden mit einem Gemisch von Wahrnehmungen/Gedanken des erlebenden Ich und Erklärungen/Gedanken des erzählenden Ich eingeführt, wie ich sie im Kapitel ‚Vermischung der Perspektiven' beschreiben werde.

In diese Kategorie der Erzählerkommentare auf der Handlungsebene würden auch Textabschnitte gehören, in denen das erzählende Ich ohne Tempuswechsel Vermutungen hegt oder Dinge beschreibt. Bei Karl May sind diese Stellen jedoch immer vermischt mit Wahrnehmungen und Gedanken des erlebenden Ich. Deshalb werde ich sie ebenfalls im Kapitel ‚Vermischung der Perspektiven' behandeln.

3.2.3.2 Historisches Präsens

Dieses Präsens ist nicht ein Präsens der Erzählerebene, sondern trägt zur Verlebendigung der Handlung bei, indem diese im Präsens anstatt im Präteritum geschildert wird. Dazu ein Beispiel, indem ich das historische Präsens durch Kursivschrift hervorhebe:

> Ich hatte nur noch Luft und Kraft für eine Sekunde; es war mir, als wolle eine fürchterliche Gewalt mir die Lunge zerbersten und den Körper zersprengen – noch eine letzte, die allerletzte Anstrengung; Herr Gott im Himmel, hilf, daß es mir gelingt! *Ich fühle den Tod mit nasser, eisiger Hand nach meinem Herzen greifen; er packt es mit grausamer, unerbittlicher Faust und drückt es vernichtend zusammen; die Pulse stocken; die Besinnung schwindet; die Seele sträubt sich mit aller Gewalt gegen das Entsetzliche; eine krampfhafte, tödliche Expansion dehnt die erstarrenden Sehnen und Muskeln aus – ich höre keinen Krach, kein Geräusch, aber der Kampf des Todes hat vermocht, was dem Leben nicht gelingen wollte – das Sieb weicht, es geht aus den Fugen, ich fahre empor.* Ein langer, langer, tiefer Atemzug, der mir augenblicklich das Leben wiederbrachte, dann tauchte ich wieder unter.
> (Durch die Wüste, S. 126)

Diese an sich schon beklemmende Szene wird noch beängstigender durch das Präsens. Der Leser spürt förmlich, wie er erstickt. Da fällt auch die etwas kitschige Verdoppelung der Adjektive weniger auf. Der lange Atemzug, der Kara Ben Nemsi das Leben wiederbringt, bringt dem Leser die Erleichterung über die gelungene Rettung und die notwendige, kurze Entspannung, bevor die Handlung weitergeht. Das zitierte Beispiel ist die einzige mir bekannte eindeutige Belegstelle für das historische Präsens in den von mir untersuchten Werken.

3.2.3.3 Raffung

Das erzählende Ich kann das Geschehen raffen, das heisst, es überspringt eine Zeit, in der nichts Wissenswertes oder für den Fortgang der Handlung Wichtiges passiert. Eine Raffung kann verschiedenste Zeitmasse umfassen, von wenigen Augenblicken bis zu Tagen, Monaten oder sogar Jahren. Sie kann nur ungefähre oder sehr genaue Zeitangaben machen. Auch Gleichzeitigkeit wird durch Raffung ausgedrückt. Eine unauffällige Art zu raffen ist zwischen den einzelnen Kapiteln, wo der Erzähler nicht explizit darauf hinweisen muss, dass und wieviel Zeit vergangen ist. Solch ein Sprung findet sich vom Ende des zweiten zum Anfang des dritten Kapitels in *Durch die Wüste*. Eben noch auf dem Salzsee finden wir am Anfang des dritten Kapitels Kara Ben Nemsi und

Halef plötzlich in Ägypten wieder, ohne dass der Leser je erfährt, wie sie dorthin gekommen sind. Die gleiche Art Raffung findet sich in demselben Band beim Übergang vom vierten zum fünften Kapitel. Ich habe einen Abschnitt ausgewählt, in dem verschiedene Raffungen vorkommen, und sie mit Kursivschrift hervorgehoben.

> Er brachte uns die Decken, in welche wir uns hüllten, und wir schliefen *sehr bald* ein, da wir von unserem Ritt ermüdet waren. *Während der Nacht* hatten einige Matrosen sowohl am Lande die Schlafenden als auch an Bord das Geld bewacht. *Am Morgen* versammelten sich alle auf dem Schiffe. Der Anker wurde gehoben, das Seil gelöst; man stellte die Segel, und der Sambuk steuerte südwärts. Wir waren *ungefähr drei Viertelstunden lang* unter Segel gewesen, *als* wir ein Boot erblickten, welches in der gleichen Richtung vor uns ruderte. *Als* wir näher an dasselbe herankamen, sahen wir zwei Männer und zwei völlig verschleierte Frauen darin. Das Boot hielt *bald* an [...]. Das Schiff legte bei, und die vier Personen stiegen an Bord, *während* das Boot ins Schlepptau genommen wurde. *Dann* setzte der Sambuk seine Fahrt fort.
> (Durch die Wüste, S. 169)

Bei der Ich-Erzählung gibt es Situationen, von denen nicht erzählt wird, nicht weil nichts Wichtiges geschehen würde, sondern weil das handelnde Ich von der Zeitspanne nichts weiss, entweder weil es nicht dabei war oder weil das erlebende Ich schläft oder bewusstlos war. Kara Ben Nemsi ist in diesen Fällen darauf angewiesen, von andern zu erfahren, was in der Zwischenzeit geschehen ist. Im *Orientzyklus* finden sich im Durchschnitt zwei Raffungen pro Seite.

3.2.3.4 Rückwendung/Rückgriff

Rückwendung und Rückgriff sind Möglichkeiten, Dinge nachzuholen, die zum Zeitpunkt der Handlung bereits vergangen sind. Im *Orientzyklus* finden sich Belegstellen für beide ungefähr alle 20 Seiten, wobei es sich in 60% der Fälle um Rückgriffe handelt. Die Handlung wird also im Grossen und Ganzen chronologisch erzählt.

Die Rückwendung bietet dem Erzähler die Möglichkeit, den Gang der Handlung zu unterbrechen und Vergangenes nachzuholen. Eine längere Passage ist im Band *Durch die Wüste* auf S. 275-279 zu finden, in der der Erzähler berichtet, wie er von Mekka an den Tigris gekommen ist.

Rückwendungen können mehr oder weniger weit in die Vergangenheit zurückreichen, wie die beiden folgenden Beispiele zeigen:

> Mit diesem Gefühle ging ich in das Frauengemach, welches hier eigentlich Küche genannt werden mußte, um das Frühstück einzunehmen. *Vorher aber holte ich aus meiner kleinen Raritätensammlung, die ich von Isla Ben Maflei erhalten hatte, ein Armband, an welchem ein Medaillon angebracht war.* (Durch die Wüste, S. 522)

Die andere Art, Vergangenes nachzuholen, hat mit dem erzählenden Ich selbst wenig zu tun. Ich meine die Art, wenn eine Figur auf der Handlungsebene sich erinnert oder aus ihrer Vergangenheit erzählt. Diese wird Rückgriff genannt. Das erlebende Ich kann sich in bestimmten Situationen an früher erinnern, wie im folgenden Beispiel:

> Es war nicht die Örtlichkeit allein, es war noch viel mehr die Geschichte derselben, deren Eindruck ich nicht von mir zu weisen vermochte, wenn ich es auch gewollt hätte. *Wie oft hatte ich lauschend und mit stockendem Atem auf dem Schoße meiner alten, guten, frommen Großmutter gesessen, wenn sie mir erzählte von der Erschaf-*

fung der Welt, dem Sündenfalle, dem Brudermorde, der Sintflut, von Sodom und Go-
morrha, von der Gesetzgebung auf dem Sinai– – – sie hatte mir die kleinen Hände
gefaltet, damit ich ihr mit der nötigen Andacht das zehnfache ,du sollst' nachspre-
chen möge. Jetzt lag die irdische Hülle der Guten schon längst unter der Erde [...].
(Durch die Wüste, S. 152)

Wenn es um die Vergangenheit der andern Figuren geht, ist das Ich darauf angewiesen,
dass diese sie selbst erzählen. Deshalb ist der Rückgriff bei Karl May häufiger als die
Rückwendung. Die Erinnerung der Figur muss diese dem erlebenden Ich in einem Gespräch mitteilen, so dass Rückgriffe im *Orientzyklus* in der Regel in Form des Dialogs
auftreten. Manchmal fasst das erzählende Ich solche Gespräche zusammen, wie zum
Beispiel im Band *Von Bagdad nach Stambul*, in dem das erzählende Ich nacherzählt,
was Osco von seiner Suche nach Senitza berichtet hat[21].

3.2.3.5 Vorausdeutung

Da das erzählende Ich den Ausgang der Geschichte kennt, hat es die Möglichkeit,
durch Andeutungen darauf zu verweisen und damit die Spannung zu erhöhen. Diese
Vorausdeutungen beziehen sich bei Karl May meist auf eine drohende Gefahr. Diese
Vorausdeutungen können mehr oder weniger weit in die Zukunft reichen.

> Ich ahnte damals nicht, unter was für bösen Verhältnissen ich später mit ihm zusam-
> mentreffen würde. (Durch die Wüste, S. 118)

Diese Vorausdeutung steht in *Durch die Wüste* und verweist auf ein Geschehen, das
erst in *Von Bagdad nach Stambul* erzählt wird. Das folgende Beispiel reicht nicht so
weit in die Zukunft:

> Es waren Khawassen – Polizisten. [...] Das Boot legte bei uns an, und alle seine In-
> sassen [die Polizisten] stiegen an Bord, noch ehe wir das Ufer erreicht hatten. Die
> Bemannung des Sandal war hier auch gelandet, hatte erzählt, daß Abrahim im Schel-
> lahal ertrunken sei, und auch von dem Frauenraube berichtet. Sodann war, *wie wir*
> *später erfuhren,* der alte Reis Chalid Ben Mustapha eilenden Fußes zum Richter ge-
> laufen [...]. (Durch die Wüste, S. 143)

Dies ist ein Beispiel dafür, wie das erzählende Ich Dinge berichtet, bei denen es gar
nicht dabei war und die es also nicht wissen kann. Es gebraucht die Wendung „wie wir
später erfuhren" als Erklärung für sein Wissen, ohne dass der Leser je erfährt, wer
wann wie dem Ich davon berichtet hat. Das Besondere an dieser Stelle ist, dass mit der
Vorausdeutung die Rückwendung legitimiert wird. Bei Karl May kommen solche Stellen nur dann vor, wenn das Verhalten der Gegner nachträglich noch erzählt wird, um
die neuste Situation klar zu stellen. Da das erzählende Ich jedoch sein Wissen kaum
glaubwürdig legitimieren kann, wirkt es an solchen Stellen wie ein allwissender Er-
Erzähler.
Nun noch ein Beispiel einer Vorausdeutung, die nur gerade den nächsten Augenblick
meint:

> Die Einleitung des alten Scheik machte mich neugierig. Welche Absichten leiteten
> ihn, die Pilgerfahrt Halefs mit dem Amte eines Delyl in Verbindung zu bringen? *Ich*

---

21   Von Bagdad nach Stambul, S. 438-439

sollte es sofort erfahren, denn ohne jeden Übergang bat er [...].
(Durch die Wüste, S. 228)

Hier wird die Spannung aufgebaut durch das explizite Nichtwissen des erlebenden Ich und seine daraus resultierende Neugier, die „sofort" befriedigt wird.

Trotz all dieser Beispiele bleiben Vorausdeutungen selten. In *Durch die Wüste* zählte ich 14 Belegstellen. Je mehr sich die Handlung ihrem Ende nähert, umso weniger Vorausdeutungen sind zu finden, bis sie zum Schluss des sechsten Bandes ganz wegfallen. Anstelle der Vorausdeutungen gibt es hie und da Ahnungen und Prophezeiungen des erlebenden Ich, auf deren Eintreffen der Leser ebenso vertrauen kann wie auf die Vorausdeutungen des erzählenden Ich.

3.2.3.6 Redebericht indirekt und gerafft

Belege für indirekte Redeberichte gibt es selten, das heisst im Durchschnitt alle 30 Seiten einer, wie zum Beispiel diesen:

> Er kannte Ägypten von früher her und behauptete, daß ohne Peitsche da gar nicht auszukommen sei, weil sie größere Wunder tue als Höflichkeit und Geld, [...].
> (Durch die Wüste, S. 80)

Oft leiten die indirekten Redeberichte einen Dialog ein oder stehen isoliert mitten im Fortgang der Handlung.

Geraffte Redeberichte finden sich viel häufiger, nämlich im Schnitt alle 5 Seiten einer. Das erzählende Ich kann damit lange Reden zusammenfassen, die es nicht ausführlich erzählen will oder kann, wie die bereits erwähnte Erzählung von Osko[22]. Sie treten in verschiedenen Formen auf, als blosse Andeutung, dass geredet wurde, oder mit mehr oder weniger genauer Inhaltsangabe. Einige Beispiele:

> Der Wekil flüsterte ihm einige Worte zu, worauf er sich entfernte.
> (Durch die Wüste, S. 59)

Was der Wekil genau flüsterte, erfährt das Ich nie, es kann also nur die Tatsache an sich feststellen.

> Ich erstattete ihm Bericht über mein heutiges Abenteuer, und er hörte mir mit Aufmerksamkeit zu. (Durch die Wüste, S. 111)

Das erzählende Ich kann die ausführliche Berichterstattung übergehen, da der Leser das Abenteuer bereits kennt, ihn somit der Bericht darüber nur langweilen würde.

> Die Kunde von diesem Bunde verbreitete sich schnell durch das ganze Lager, und wer auch nur das kleinste Vorrecht oder die geringste Vergünstigung zu besitzen glaubte, der kam in das Zelt, um uns zu beglückwünschen. (Durch die Wüste, S. 366)

Da es für den Leser ebenso ermüdend wie langweilig wäre, mitzuverfolgen, wer wem die Kunde überbringt und wer mit welchen Worten gratuliert, wird das Ganze vom erzählenden Ich gerafft. Ausserdem ist für den Fortgang der Handlung nur die Tatsache an sich wichtig.

---

22 ebd., S. 438-439

3.2.4 Die Figuren auf der Handlungsebene

Nun komme ich zu jenen erzählerischen Mitteln, die nicht mehr direkt auf einen Erzähler verweisen. Die Handlungsebene ist eigentlich die Ebene des handelnden Ich. Seine Taten und Erlebnisse werden berichtet. Wie sich gezeigt hat, ist das erzählende Ich alles in allem sehr zurückhaltend, so dass man eher von einer Darstellung als von einem Bericht der Handlung sprechen kann. Ich werde somit das Ich auf der Handlungsebene als erlebendes Ich und nicht als berichtetes oder erzähltes Ich bezeichnen. Der Begriff erlebendes Ich verweist auf einen mimetisch-fiktionalen Charakter des Textes. Das erlebende Ich ist die Reflektorfigur, in deren Bewusstsein die Handlung gespiegelt wird.

3.2.4.1 Figurenperspektive

Im Gegensatz zu den Er-Erzählungen, in denen die verschiedenen Perspektiven der verschiedenen Figuren eingenommen werden können, gibt es in der Ich-Erzählung nur die Perspektive des erlebenden Ich. Es nimmt die Rolle des Beobachters ein, der alles sieht, was geschieht, und der in seinem Bewusstsein das Geschehene widerspiegelt. Das erlebende Ich ist also, um den Begriff von Stanzel zu übernehmen, eine Reflektorfigur und hier im *Orientzyklus* zugleich Held der Geschichte. Die andern Figuren können ihre Perspektive nur in Gemeinschaft mit dem erlebenden Ich einbringen, als eine Art kollektive Perspektive.

Die einfachste Art, die Figurenperspektive einzubringen, sind die Zeit- und Ortsadverbien der Gegenwart im Präteritum der Handlungsebene. Nur das erlebende Ich kann während der Handlung von „hier", „heute", „jetzt" etc. sprechen, denn für das erzählende Ich ist das Hier und Jetzt der Moment des Erzählens, nicht derjenige der Handlung. Zeitadverbien sind in diesem Text im Durchschnitt alle vier Seiten anzutreffen, Ortsadverbien etwa halb so viel, nämlich alle 10 Seiten. Sie tragen immer zur Verlebendigung der Handlung bei.

> Dies war das erste Wort, welches ich *seit gestern* von ihm hörte.
> (Durch die Wüste, S. 53)

> *Nun* hatte ich für *jetzt* weiter nichts mehr *hier* zu tun. (Durch die Wüste, S. 120)

> *Hier* stiegen wir ab. Die Zelte wurden errichtet, und die Frauen zündeten ein Feuer an. *Heute* gab es eine sehr reichliche und mannigfaltige Mahlzeit, […].
> (Durch die Wüste, S. 251)

Diese drei Beispiele sind typisch für den ganzen *Orientzyklus*.
Eine weitere Möglichkeit, die Figurenperspektive einzubringen ist die Verwendung von „hinein", „heraus" etc., also alle Wörter mit den Vorsilben „hin" oder „her". Das erlebende Ich geht hin, die andern kommen zu ihm her. Ich erwähne das, weil nicht alle Autoren in der Handhabung dieser Vorsilben korrekt vorgehen. Karl May ist konsequent, es stimmt immer mit der Perspektive des erlebenden Ich überein.

3.2.4.2 Innerlichkeit der Figuren

Bei der Darstellung der Innerlichkeit muss ich unterscheiden, ob es um die Innerlichkeit des erlebenden Ich oder um diejenige der andern Figuren geht. Eigentlich kann das Ich von den Gedanken und Gefühlen der andern nichts wissen, wenn sie nicht selbst davon sprechen. Aber Kara Ben Nemsi ist der vollkommene Beobachter, der aus einem Augenblinzeln des Gegenübers dessen Gefühle und Gedanken ablesen kann. Dies trifft vor allem auf die Gefühle zu, die sich in Mimik und Gestik ablesen lassen. Um über Gedanken der Figuren zu berichten, bleibt dem Ich-Erzähler nur die berichtete erlebte Rede, die dadurch definiert ist, dass der Erzähler für seine Figuren denkt[23], wobei bei dieser Definition eigentlich der Er-Erzähler gemeint ist, denn damit der Erzähler die Gedanken einer Figur ausformulieren kann, muss er sie kennen. Dadurch dass das Mittel von Karl May verwendet wird, zeigt sich, dass sein Ich-Erzähler manchmal starke Neigungen zu einem allwissenden Er-Erzähler hat. Ich werde zuerst zeigen, wie Karl May die Innerlichkeit der andern Figuren beschreibt und dann auf die Innerlichkeit des erlebenden Ich zu sprechen kommen.

Innerlichkeitsbericht
Für Innerlichkeitsbericht findet sich im Durchschnitt alle zwei Seiten eine Belegstelle. Etwa ein Drittel der Innerlichkeitsberichte beziehen sich auf eine Figur oder auf ein Kollekiv. Der Ich-Erzähler begründet sein Wissen oft durch die Einbettung in eine Handlung oder durch den Hinweis auf äusserlich Wahrnehmbares. Manchmal stellt er Vermutungen an und manchmal begründet er überhaupt nicht. Hierzu einige Beispiele:

> Mein guter Halef fühlte sich geschlagen, aber er nahm es mit guter Miene hin.
> (Durch die Wüste, S. 16)

Dass Halef sich geschlagen fühlt, erklärt sich aus der Handlung, denn nach seinen weitschweifigen Reden ist er nun still, da er auf die lakonische Antwort Kara Ben Nemsis nichts mehr zu sagen weiss. Dass er es mit guter Miene hinnimmt, zeigt sich daraus, dass er sofort wieder über ein anderes Thema zu sprechen anfängt.

> Jetzt riß ihm doch endlich die Geduld. Er erhob sich und griff nach dem Revolver.
> (Durch die Wüste, S. 28)

Der erste Satz erklärt sich wiederum aus der Handlung, denn bisher hat er alles hingenommen, was Kara Ben Nemsi gesagt hat. Wenn er nun plötzlich reagiert, liegt die Vermutung nahe, dass er die Nase voll hat. Das erzählende Ich interpretiert die vorausgehenden Gefühle aus der daraus resultierenden Handlung. Das ist ein typisches Beispiel für Karl May.

> Es wurde kein Wort gesprochen; unsere Stimmung war nicht danach, in Worte gefaßt zu werden. (Durch die Wüste, S. 130)

Dieses Zitat beschreibt die Befindlichkeit eines ganzen Kollektivs, das erlebende Ich eingeschlossen. Das erzählende Ich erinnert sich an seine eigenen Gefühle in dieser Situation und schliesst aus dem Verhalten der andern darauf, dass es ihnen ähnlich ergeht.

> Sie entfernten sich, sichtlich befremdet über die sonderbare Mitteilung, welche ihnen geworden war. (Durch die Wüste, S. 134)

---

23 Tarot, Narratio viva, S. 121-122

Dies zeigt ebenfalls das Gefühl eines Kollektivs, aber ohne das erlebende Ich. Das erzählende Ich legitimiert sein Wissen um deren Befindlichkeit mit dem Wort „sichtlich". Das erlebende Ich sieht ihnen das Befremden offenbar an.

> Der brave Mann befand sich natürlich in einer großen Verlegenheit. Er konnte doch seine Worte und Taten nicht dementieren, fühlte aber sehr wohl, daß ich im Rechte sei, und so entschloß er sich, zu tun, was eben nur ein Aegypter zu tun vermag. (Durch die Wüste, S. 148)

Dieses letzte Beispiel ist typisch für Karl May. Ein harmloser Gegner, meist ein Beamter, blamiert sich. Das Ich kann eigentlich nur vermuten, was nun in der Figur vorgeht. Doch er suggeriert dem Leser, dass er genau Bescheid weiss. Das Wort „natürlich" zeigt die Sicherheit des erzählenden Ich, das damit unterstellt, dass es gar nicht anders sein kann. Der Leser akzeptiert dies, weil er aus der Situation heraus nachempfinden kann, wie es diesem armen Mann zumute sein muss. Ausserdem ist der Grundton der Textstelle ironisch, so dass der Leser das Ganze nicht so ernst nehmen kann, auch nicht das Wissen des erzählenden Ich.

Stumme Sprache

Mit der stummen Sprache werden die Gefühle der Figuren durch Mimik und Gestik berichtet. Da zeigt sich das erlebende Ich als exzellenter Beobachter. Die stumme Sprache ist das häufigste Mittel zur Darstellung der Innerlichkeit bei Karl May, nämlich auf jeder Seite eine bis zwei Belegstellen. Zwei Drittel davon beziehen sich auf die Figuren und nur ein Drittel auf das erlebende Ich. Viele Beispiele für stumme Sprache treten zusammen mit den Dialogen auf.

> Der kleine Haushofmeister änderte auch sofort seinen Ton und antwortete mit hörbar freundlicherer Stimme […]. (Durch die Wüste, S. 83)

Kara Ben Nemsi sieht die Sprecher nicht. Demzufolge wird ein allfälliger Hinweis auf eine freundlichere Miene ersetzt durch den hörbaren freundlicheren Ton. Auch solche hörbaren Stimmungsänderungen gehören zur stummen Sprache.

Das folgende Beispiel ist nicht in Dialoge eingebettet, sondern in Handlungen und Beobachtungen des erlebenden Ich. Ich werde die eigentliche Belegstelle kursiv hervorheben.

> Ich ging auf sie zu und legte ihr meine Fragen vor. Unterdessen spielte ich wie im Eifer für die Sache mit dem Ringe, den mir Isla mitgegeben hatte, und ließ ihn dabei aus den Fingern gleiten. Er rollte hin bis an ihre Füße; sie bückte sich schnell und hob ihn auf. Sofort aber trat Abrahim auf sie zu und nahm ihr ihn aus der Hand. So schnell das ging, sie hatte doch Zeit gehabt, einen Blick auf den Ring zu werfen – *sie hatte ihn erkannt, das sah ich an ihrem Zusammenzucken und an der unwillkürlichen Bewegung ihrer Hand nach ihrem Herzen.* (Durch die Wüste, S. 120)

Hier interpretiert das Ich die Gesten des Gegenübers und im folgenden Beispiel die Miene:

> Der gute Mann sah mich ganz verdutzt an. (Durch die Wüste, S. 146)

Auch im Kollektiv ist stumme Sprache möglich:

Wir bejahten durch ein ernstes, feierliches Kopfnicken. (Durch die Wüste, S. 364)

Die Belegstellen für stumme Sprache sind über das ganze Werk verteilt und meist so kurz wie die obigen Beispiele. Doch sie sind wichtig, da ihre richtige Interpretation zusammen mit den Dialogen dem erlebenden Ich helfen, die Gegner zu überlisten. Das wird sogar explizit in der Szene, in der Kara Ben Nemsi aus dem Vertrauten des Schut herauslockt, wo Gefahren lauern[24].

Berichtete erlebte Rede

Belegstellen für berichtete erlebte Rede sind ungefähr alle acht Seiten zu finden, wobei sich nur etwa 10 Stellen pro Band auf eine andere Figur als das erlebende Ich beziehen, was nicht weiter verwunderlich ist. Das erzählende Ich formuliert zwar die Gedanken für die Figur, doch das kann eigentlich nur ein allwissender Er-Erzähler tun, denn die Ausformulierung der Gedanken setzt natürlich deren Kenntnis voraus. Doch woher sollte das Ich diese haben? Also auch hier wieder eine Annäherung des Mayschen Ich-Erzählers an einen allwissenden Er-Erzähler.

> *Wo aber befand sich Abrahim Mamur?* – Dies zu erfahren wäre uns nicht gleichgültig gewesen […]. (Durch die Wüste, S. 149)

In diesem Beispiel ist es der Gedanke eines Kollektivs, das erlebende Ich eingeschlossen. Hier ist das Wissen um den Gedanken für das erzählende Ich kein Problem, da es ja selbst mitgedacht hat.

> Die Türken hatten dem Vorgang mit größtem Gleichmute zugesehen. *Wäre auf dem Schiffe jemand getötet worden, so hätte es ja sein Kismet nicht anders mit sich gebracht.* (Durch die Wüste, S. 172)

Hier drückt die berichtete erlebte Rede den Gedanken eines Kollektivs aus oder besser die Haltung dieses Kollektivs, aber ohne das Ich. Die Türken denken bestimmt nicht explizit diese Worte, sondern der Erzähler formuliert diese für sie. Aber es könnte niemals der Gedanke des Ich sein, da dieser nicht Moslem ist und somit nicht an das Kismet glaubt. Seine Kenntnis der Moslems und deren Haltung in bestimmten Situationen ermöglicht ihm die Darlegung der entsprechenden Gedanken.

> Bei diesen Worten machte Halef ein Gesicht, als ob er diese fünfzig Schafe, zehn Last- und fünf Reitkamele samt der Stute soeben mit Haut und Haar verschlungen habe. *Woher sollte er diese Tiere nehmen?* (Durch die Wüste, S. 246)

Hier nun leitet das Ich aus der Miene von Halef seine Gedanken ab, und formuliert diese aus, was dem Ich keine Mühe macht, da es Halef und seine Verhältnisse genau kennt.

Das erzählende Ich zeigt eine grosse Sicherheit, wenn es um die Gedanken der andern geht. Der Leser kann sich darauf verlassen, wie er es bei einem allwissenden Er-Erzähler tun könnte. Doch wie bereits gesagt sind Belegstellen für berichtete erlebte Rede bei den andern Figuren so selten, dass sie fast eher wie Ausrutscher des Ich-Erzählers wirken.

---

24   Der Schut, S. 273-281

Gedankenberichte
Direkte Gedankenberichte kommen nicht vor. Ebenfalls wie Ausrutscher wirken die indirekten Gedankenberichte, die noch seltener sind als die Belegstellen für berichtete erlebte Rede. Das ist keine Überraschung, denn bei der berichteten erlebten Rede kann das erzählende Ich sein Wissen um die Gedanken einer Figur noch damit begründen, dass es für seine Figur denkt, doch diese Begründung ist hier unmöglich. Der Ich-Erzähler wird bei den Gedankenberichten zum allwissenden Er-Erzähler. Hier ein Beispiel:

> Der gute Mann sagte sich jedenfalls, daß ich ein Kind des Todes und er dann unbestrittener Erbe meines Pferdes sei. (Durch die Wüste, S. 334)

Der Ich-Erzähler stellt Vermutungen über die Gedanken des andern an. Das zeigt das Wort „jedenfalls".
Geraffte Gedankenberichte kommen nur in der Art der beiden folgenden Beispiele vor:

> „Wermyn" – – *er sann nach,* aber das türkische Wort wollte nicht kommen [...].
> (Durch die Wüste, S. 276)

> *Sie sann ein wenig nach* und meinte dann [...]. (Durch die Wüste, S. 415)

Es wird nur gesagt, dass die Figur denkt. Beide Belegstellen sind in längere Dialoge eingebettet. Aus dem Inhalt des Gesprächs und dem Zögern mit der Antwort kann der Ich-Erzähler interpretieren, dass nachgedacht wird, natürlich ohne den genauen Gedankengang zu kennen. Für indirekte oder geraffte Gedankenberichte finden sich etwa ein halbes Dutzend Belegstellen pro Band, so dass man sie als Ausrutscher des Autors vernachlässigen kann.

3.2.4.3 Innerlichkeit von Tieren

Es ist eine Kuriosität bei Karl May, dass in seinen Erzählungen hie und da sogar Tiere denken. Dafür gibt es in diesem Text ein paar Belegstellen, wie zum Beispiel diese:

> Das so grausam aus seinem Nachdenken gestörte Tier machte einen Versuch, vorn emporzusteigen, besann sich aber sofort auf die Ehrwürdigkeit seines Alters und ließ sich stolz in seinen Gleichmut zurückfallen. (Durch die Wüste, S. 11)

Woher weiss der Erzähler von den Gedanken der Stute? Beim Lesen fällt diese Unstimmigkeit gar nicht auf, denn die kleine Episode wirkt humorvoll und ist somit nicht ganz ernst zu nehmen. Das ist bei allen Textstellen von Karl May so, wenn Tiere denken. Sie haben immer einen scherzhaft ironischen Unterton, so dass der Leser schmunzelt und nicht darüber grübelt, wie denn das Ich die Gedanken der Tiere erfahren hat.
Die folgenden Beispiele sind nicht so ungewöhnlich, denn jedem Tierliebhaber ist klar, dass auch Tiere ihre Freude oder ihre Angst ausdrücken können. Ungewöhnlich ist allenfalls, dass das Ich so ausführlich darüber berichtet.

> Der kleine Hengst schien gar nicht zum erstenmale einen solchen Weg zu machen. Er trabte, wo Sicherheit vorhanden war, höchst wohlgemut darauf los, und zeigte dann, wenn sein Vertrauen erschüttert war, eine ganz vorzügliche Liebhaberei für die besten Stellen des oft kaum fußbreiten Pfades. Er legte dann die Ohren vor oder hinter, beschnupperte den Boden, schnaubte zweifelnd oder überlegend und trieb die Vor-

sicht einigemale so weit, eine zweifelhafte Stelle erst durch einige Schläge mit dem Vorderhufe zu prüfen. (Durch die Wüste, S. 45)

Das stolze Tier merkte, daß etwas Ungewöhnliches im Gange sei; seine Augen funkelten, seine Mähne hob sich, und seine Füßchen gingen wie die Füße einer Tänzerin […]. (Durch die Wüste, S. 313)

Das Ich schliesst aus dem Verhalten der Tiere auf deren Gefühle, was auch hier die Vollkommenheit des Beobachters zeigt. Und es zeigt, wie sehr das Ich Tiere, und vor allem Pferde, liebt und auf ihre Eigenarten einzugehen versteht. Die enge Verbindung von Kara Ben Nemsi mit Rih wäre anders gar nicht möglich.

3.2.4.4 Innerlichkeit des erlebenden Ich
Der Bericht der Gedanken und Gefühle des erlebenden Ich ist für das erzählende Ich einfach. Die einzige Voraussetzung dafür ist, dass sich das erzählende Ich an seine Gedanken und Gefühle von damals erinnert. Es können also alle Mittel zur Darstellung der Innerlichkeit verwendet werden. Karl May benutzt aber auch für das erlebende Ich vor allem die stumme Sprache und den Innerlichkeitsbericht. Berichtete erlebte Rede und Gedankenberichte sind äusserst selten.

Innerlichkeitsbericht
Belegstellen für diese Kategorie sind wie oben erwähnt im Schnitt auf jeder zweiten Seite zu finden, wobei sich zwei Drittel der Stellen auf das erlebende Ich beziehen. Doch es sind immer kurze Stellen.

Ich mußte mir wirklich Mühe geben, bei diesem sonderbaren Exerzitium ernsthaft zu bleiben […]. (Durch die Wüste, S. 60)

Hier steht Kara Ben Nemsi vor Gericht, nimmt die Angelegenheit jedoch nicht ernst, weil der Beamte ihn unterschätzt und sich damit lächerlich macht. Doch bemüht sich Kara Ben Nemsi zuerst, ernst zu bleiben. Auffällig ist an dieser Stelle, dass sich Kara Ben Nemsi Mühe geben muss, etwas zu tun. Normalerweise fällt ihm nichts schwer.

Ich hatte einen verstärkten Ausfall seines Zornes […] erwartet, sah mich aber getäuscht. (Durch die Wüste, S. 180)

Auch dies ist eine auffällige Stelle, denn es kommt praktisch nie vor, dass das erlebende Ich sich täuscht, wenn es um die Reaktionen anderer geht. Das zeigte ich bereits beim Kapitel über die Innerlichkeit der andern Figuren. Es scheint fast, als werde die Innerlichkeit Kara Ben Nemsis nur thematisiert, wenn eine Besonderheit zu berichten ist.

Es hatte sich eine ganz bedeutende Aufregung meiner bemächtigt: ich hätte meine Fesseln zersprengen mögen. (Durch die Wüste, S. 333)

Dieses Zitat zeigt, dass auch Kara Ben Nemsi zu starken Gefühlen fähig ist, obwohl er meist sehr ausgeglichen ist, vor allem im Vergleich zu den leicht erregbaren Arabern und Kurden. Doch hier packt ihn das Jagdfieber.
Der Innerlichkeitsbericht dient auch dazu, Überzeugungen und Absichten des erlebenden Ich auszudrücken, wie in den folgenden beiden Beispielen:

Wir besprachen uns noch lange […] und trennten uns dann, um schlafen zu gehen, doch war ich überzeugt, daß Isla keine Ruhe finden werde. (Durch die Wüste, S. 117)

Ich war in die Arbeit so vertieft, daß ich gar nicht bemerkte […]. Ich hatte ganz vergessen […]. Daher fühlte ich mich wie neugeboren und wollte bereits den Ort verlassen […]. (Durch die Wüste, S. 516)

Das Ich ist eher zurückhaltend, was seine Gefühle angeht, obwohl es natürlich die ganze Gefühlspalette von Freude und Trauer, von Angst, Zorn und Schmerz durchlebt. Aber das erzählende Ich geht jeweils nur kurz darauf ein, um sofort mit der Handlung weiterzufahren. Die Ahnungen, die das erlebende Ich manchmal hat, sind ebenfalls Innerlichkeitsberichte.

Stumme Sprache
Wie oben bereits erwähnt, beziehen sich nur ungefähr ein Drittel aller Belegstellen zur stummen Sprache auf das erlebende Ich. Das ist nicht weiter verwunderlich, denn die eigene Miene kann das Ich nicht beobachten und somit nicht so gut beschreiben, ausser es setzt sie so bewusst ein wie ein Schauspieler. Dazu das folgende Beispiel:

Ich tat, als ob ich diese Gegenstände gar nicht bemerkt hätte, nahm aus der Satteltasche eine Handvoll Datteln und begann, dieselben mit gleichgültiger und zufriedener Miene zu verzehren.[…] Ich improvisierte eine sehr zornige Miene.
(Durch die Wüste, S. 26)

Das nächste Beispiel zeigt ein ausdrücklich erleichtertes Ich. Das kommt trotz aller Gefahren, denen das erlebende Ich ausgesetzt ist, seltener vor, als man denkt. Meist geht es nach Bestehen der Gefahr nahtlos über zur Tagesordnung, vor allem wenn es so eine „lapidare" Sache wie die Befreiung aus der Gefangenschaft ist.

Ich atmete tief auf, als ich die Tür hinter dem Gefangenen verriegelt hatte […].
(Durch die Wüste, S. 191)

Es gibt natürlich auch die Beispiele wie: „sagte ich lächelnd", „winkte ich mit der Hand" etc., die wie Regieanweisungen wirken, da sie in der Regel zusammen mit den Dialogen auftreten. Es ist die einfachste Art von stummer Sprache, und für das erlebende Ich die häufigste.

Berichtete erlebte Rede
Eine Belegstelle findet sich im Durchschnitt alle acht Seiten. Die berichtete erlebte Rede ist wie bereits erwähnt dadurch definiert, dass der Erzähler für die Figuren denkt bzw. ihre Gedanken ausformuliert. Das erzählende Ich aber erinnert sich an die Gedanken, die es als erlebendes Ich damals hatte. Das erzählende Ich erinnert sich an den ungefähren Gedankengang und formuliert ihn hier und jetzt aus. Das zeigt sich im Präteritum der entsprechenden Textstellen. Es sind aber eindeutig Gedanken des erlebenden Ich, was man durch eine einfache Umstellung zeigen kann. Setzt man die entsprechenden Textstellen ins Präsens und/oder versieht sie mit der Inquitformel „ich dachte", so ist es eindeutig ein direkter Gedankenbericht. Ich werde es an den nachfolgenden Beispielen demonstrieren:

Aus welchem Grunde hatte der Tote, welchem dieses Kamel gehörte, diese Blätter bei sich geführt? Ging ihn der Fall persönlich etwas an? War er ein Verwandter des Kaufmanns in Blidah, war er der Mörder, oder war er ein Polizist, der die Spur des Verbrechers verfolgt hatte? (Durch die Wüste, S. 21)

Als direkter Gedankenbericht hiesse es dann: „Ich dachte: ‚Aus welchem Grunde hatte der Tote [...] diese Blätter bei sich geführt? Ging ihn der Fall persönlich etwas an?‘ [...]"

Das Präteritum bleibt, weil sich das Ich überlegt, was wohl die Absichten des Toten gewesen sind. Über Tote denkt man ja im Tempus der Vergangenheit nach.

Das folgende Beispiel ist in einen Dialog eingebettet. Ich werde die erlebte Rede kursiv hervorheben.

> „Wer seid ihr?" fragte ich.
> „Baadri!" klang die Antwort.
> *Baadri? Das war ja der Name eines Dorfes, welches ausschließlich von Teufelsanbetern bewohnt wurde! Ich hatte also doch wohl mit meinen Vermutungen das Richtige getroffen.*
> „Hinüber mit ihnen!" befahl ich. (Durch die Wüste, S. 412)

Die Stelle würde als direkter Gedankenbericht lauten: „‚Baadri?‘, dachte ich. ‚Das ist ja der Name eines Dorfes, welches ausschliesslich von Teufelsanbetern bewohnt wird! Ich hatte also doch wohl mit meinen Vermutungen das Richtige getroffen.‘" Dadurch dass die Stelle in einen Dialog eingebettet ist, ist in diesem Beispiel die Vermittlungsinstanz praktisch verschwunden. Das erlebende Ich wird zur Reflektorfigur, die beobachtet und nachdenkt. Die erlebte Rede ist nicht mehr ein Bericht, sondern eine Darstellung der Gedanken Kara Ben Nemsis.

Gedankenberichte

Gedankenberichte des erlebenden Ich, von welcher Art auch immer, sind sehr selten, von jeder Kategorie nicht einmal ein halbes Dutzend und über den ganzen *Orientzyklus* verstreut.

Die Form des direkten Gedankenberichts ist gleich derjenigen der direkten Rede; eine Inquitformel „ich dachte", „ich überlegte mir" etc. und der eigentliche Gedanke im Präsens.

> *Hm! Dann hätte sie ja recht gut die Eigenschaft, als Aufenthaltsort für Gefangene zu dienen!* So dachte ich und fuhr zu fragen fort [...]. (Durch die Wüste, S. 399)

Dies ist ein eindeutiges Beispiel, wie die Inquitformel „so dachte ich" zeigt. Es ist aber auch das einzige eindeutige Beispiel, das überhaupt vorkommt.

> „Oh Adi!" ächzte er langsam. – *Adi? Ist dies nicht der Name des großen Heiligen der Dschesidi, der sogenannten Teufelsanbeter?* – „Wer hat euch hierher gebracht?" fragte ich weiter. (Durch die Wüste, S. 410)

In diesem Beispiel fehlt die Inquitformel. Trotzdem ist es ein direkter Gedankenbericht. Das Präsens steht in diesem Fall nicht für den Wechsel auf die Erzählerebene, denn das erzählende Ich weiss genau, was der Name Adi bedeutet. Somit kann sich nur das erlebende Ich diese Frage stellen. Es tut dies in Gedanken und nicht laut, denn es ist ja mitten im Gespräch.

Der indirekte Gedankenbericht entspricht der Form der indirekten Rede.

> Ich mußte ihm den Willen lassen, zumal bei näherem Ueberlegen ich mir sagte, daß es wegen der heutigen feindseligen Begegnung besser sei, den Ort zu verlassen. (Durch die Wüste, S. 289)

> Erst als der Nachmittag beinahe zur Hälfte verflossen war, kam mir der Gedanke, ob nicht das Wadi Dschehennem [...] ein Teil dieser Kanuzaberge sei. (Durch die Wüste, S. 328)

Beide Beispiele sind typisch für diese Kategorie und die einzigen im Band *Durch die Wüste*. Auch in den andern Bänden des *Orientzyklus* sind die Belegstellen nicht häufiger.

Der geraffte Gedankenbericht zeigt nur an, dass überhaupt gedacht wurde, aber mit mehr oder weniger ausführlicher Angabe des Inhaltes.

> Ich beschloß, den Namen zu behalten, welchen Halef mir gegeben hatte. (Durch die Wüste, S. 55)

In diesem Beispiel ist der Inhalt der Gedanken ziemlich genau angegeben, nur nicht der genaue Wortlaut derselben.

> [...] ich in Gedanken versunken [...] (Durch die Wüste, S. 86)

Hier wird nur gesagt, dass das erlebende Ich überhaupt denkt. Den Inhalt der Gedanken erfährt der Leser nicht. Entweder hat das erzählende Ich den Inhalt vergessen, was nicht sehr wahrscheinlich ist bei seinem ausgezeichneten Gedächtnis. Oder, und das halte ich für die richtige Erklärung, die Gedanken des erlebenden Ich sind für den Fortgang der Handlung unwichtig und werden deshalb vom erzählenden Ich weggelassen, um nicht von der Handlung abzulenken.

> [...] und es dauerte eine geraume Zeit, bis es mir gelang, mich auf das Vorgefallene zu besinnen. (Durch die Wüste, S. 177)

Hier versucht sich das erlebende Ich nach einer Bewusstlosigkeit durch einen Schlag auf den Kopf zu erinnern, was geschehen ist. Da der Leser das Geschehene miterlebt hat, weiss er in diesem Moment mehr als das erlebende Ich, und die Zeit des Erinnerns kann übersprungen werden, da es unwichtig ist, in welcher Reihenfolge dem erlebenden Ich die Details wieder einfallen. Wichtig ist nur zu erfahren, dass es die momentane Amnesie überwindet, wenn es auch „geraume Zeit" dauert.

Obwohl ich nun einige Beispiel für Gedankenberichte gebracht habe, sind sie insgesamt sehr selten. Direkte und indirekte Gedankenberichte gibt es im Schnitt pro Band je ein Beispiel. Am häufigsten trifft man noch die gerafften Gedankenberichte an, etwa zwei Beispiele pro Band. Es zeigt sich hier wie schon beim Innerlichkeitsbericht und der berichteten erlebten Rede, dass das Ich eher zurückhaltend ist, was seine Gefühle und Gedanken angeht. Die äussere Handlung ist wichtiger als die Innerlichkeit der Figuren.

Es gibt bei Karl May noch die Form der blitzschnellen Gedankengänge, von denen das Leben des Ich und/oder seiner Gefährten abhängt. Im Band *Durch das Land der Skipetaren* findet sich ein Beispiel:

> Daß es auf mich abgesehen sei, erkannte ich sofort.
> Es gibt Situationen, in denen der Geist in einem halben Augenblick Gedanken und Folgerungen bildet, zu denen er sonst Minuten braucht. Das Handeln scheint dann nur ein instinktives zu sein; aber in Wahrheit hat der Geist wirklich seine ordentlichen Schlüsse gebildet, nur daß die Assoziation der Ideen eine blitzartige gewesen ist.
> Das Gewehr war so grad auf meine Stirn gerichtet, daß ich nicht den Lauf, sondern nur die Mündung wie ein Ring sehen konnte. Ein Moment des Schreckens hätte mich unbedingt dem Tode überliefert. Es mußte eben gedankenschnell gehandelt werden. Aber wie? Bog ich den Kopf rasch zur Seite und der Schuß ging los, so wurde zwar nicht ich, sondern der hinter mir stehende Osko getroffen. Um diesen zu retten, durfte ich dem Mörder sein Ziel, nämlich meinen Kopf, nicht entziehen; aber ich bewegte ihn so rasch hin und her, daß das Ziel ein ganz unsicheres wurde, und ergriff den Bärentöter.
> Natürlich kann das unmöglich so schnell erzählt oder gelesen werden, wie es geschah. (Durch das Land der Skipetaren, S. 270)

Die Überlegungen und Entschlüsse des erlebenden Ich werden vom erzählenden Ich in Worte gefasst und kommentiert, da ein Gedankenbericht nicht glaubhaft wäre bei der Geschwindigkeit des Vorgangs. Die Gedanken können erst im Nachhinein ausführlich dargelegt werden, wenn das Ich zur Ruhe gekommen ist und Zeit gehabt hat, seine blitzschnelle Reaktion nachzuvollziehen und zu erklären.

Träume und Bewusstlosigkeit
An Träume kann sich das Ich erinnern wie an Gedanken oder Gefühle. Es sind im *Orientzyklus*[25] immer Fieberträume, die die Folge einer Verletzung oder einer Krankheit sind. Die Erkrankung an der Pest bereitet Kara Ben Nemsi nicht nur Fieberträume, sondern auch für den Helden ungewohnte Dinge wie Erschöpfung oder Kopfschmerzen. Es ist ein regelrechter Zusammenbruch des Helden und seines Begleiters Halef in der Mitte des dritten Bandes. Doch es bleibt der einzige. Beide genesen, Halef wird Vater und Kara Ben Nemsi Pate und sie gehen erstarkt den neuen Anstrengungen entgegen. Diese Stärke bleibt erhalten bis zum Ende des *Schut*.

Anders steht es mit der Bewusstlosigkeit, die ja gerade dadurch definiert ist, dass man sich seiner selbst nicht bewusst ist. Trotzdem wird bei Karl May hie und da eine Art Dämmerzustand des erlebenden Ich beschrieben. Die ausführlichste und bekannteste im *Orientzyklus* ist diejenige, in der Kara Ben Nemsi in der Hütte des Bettlers Saban durch einen Schlag auf den Kopf dem Tod nahe ist. Ich möchte sie hier zitieren:

> Dann erhielt ich von hinten einen fürchterlichen Schlag auf den Kopf. - - -
> Ich war gestorben; ich besaß keinen Körper mehr; ich war nur Seele, nur Geist. Ich flog durch ein Feuer, dessen Glut mich verzehren wollte, dann durch donnernde Wogen, deren Kälte mich erstarrte, durch unendliche Wolken- und Nebelschichten, hoch

---

25   Von Bagdad nach Stambul, S. 150

über der Erde, mit rasender, entsetzlicher Schnelligkeit. Dann fühlte ich nur, daß ich überhaupt flog, grad so, wie der Mond um die Erde wirbelt, ohne einen Gedanken, einen Willen zu haben. Es war eine unbeschreibliche Leere um mich und in mir. Nach und nach verminderte sich die Schnelligkeit. Ich f ü h l t e nicht nur, sondern ich d a c h t e auch. Aber was ich dachte? Unendlich dummes, ganz und gar unmögliches Zeug. Sprechen aber konnte ich nicht, so sehr ich mich auch anstrengte, einen Laut von mir zu geben.....

Nach und nach kam Ordnung in das Denken. Mein Name fiel mir ein, mein Stand, mein Alter, in welchem ich gestorben war; aber wo und wie ich den Tod gefunden hatte, das war mir nicht bekannt.....

Ich sank nach und nach tiefer. Ich wirbelte nicht mehr um die Erde, sondern näherte mich ihr wie eine leichte Feder, welche langsam, immer hin und her gehaucht, von einem Turme fällt. Und je tiefer ich sank, desto mehr vergrößerte sich die Erinnerung an mein nun beendetes irdisches Dasein. Personen und Erlebnisse fielen mir ein, mehr und mehr. Es wurde klarer in mir, immer klarer. Ich erinnerte mich, daß ich zuletzt eine weite Reise unternommen hatte; es fiel mir langsam ein, durch welche Länder – zuletzt war ich in Stambul gewesen, in Edreneh, hatte nach Hause gewollt und war unterwegs in einer steinernen Hütte auf einer Vorhöhe des Planinagebirges erschlagen worden. Die Mörder hatten mich dann gefesselt, trotzdem ich eine Leiche war, und mich auf das Lager geworfen, auf welchem vorher der Bettler gelegen hatte, und sich nachher um den Herd gesetzt und ein Feuer angezündet, über welchem irgend etwas gebraten werden sollte.....

Ich war gestorben gewesen und hatte dies doch bemerkt. Ich hatte sogar die Stimmen der Mörder gehört, ja, ich hörte sie noch, indem ich jetzt wieder zur Erde niedersank, deutlicher und immer deutlicher, je mehr ich mich ihr näherte.....

Und wunderbar! Ich sank durch das Dach der Hütte, auf das Laub des stinkenden Lagers, und da saßen sie noch, die Mörder. Ich hörte sie sprechen; ich roch den Duft von Fleisch, welches sie über dem Feuer brieten. Ich wollte sie auch sehen, aber ich konnte die Augen nicht öffnen und konnte mich auch nicht bewegen.....

War ich denn wirklich nur Seele, nur Geist? Da oben, wo ich früher den Kopf gehabt hatte, am hintern Teil desselben, brannte und schmerzte es wie eine ganze Hölle. Es war mir jetzt, als ob ich diesen Kopf noch besäße; aber er war zehnmal, hundertmal, tausendmal größer als früher und umfaßte die unterirdische Flammensee des Erdinnern, auf deren Inseln Vulkan mit Millionen von Kyklopen hämmert und schmiedet.....

Erst fühlte ich nur diesen Kopf; bald aber bemerkte ich, daß ich auch noch den Leib, die Arme, die Beine besaß. Doch rühren konnte ich kein Glied. Aber mit der größten Deutlichkeit hörte ich jedes Wort, welches [...] gesprochen wurde. [...]

Ich kannte sie [die Stimme]; es war diejenige des dicken Färber-Bäckers aus Dschnibaschlü. Was denn? Meinte er mit diesem Dummkopf etwa mich? Könnte ich diesen Menschen so ein wenig zwischen meine Hände bekommen, ich würde ihn – – – ah, ich konnte jetzt plötzlich die Finger zur Faust ballen! Was doch der Aerger vermag! [...]

Es kribbelte mir in den Händen, und siehe da: ich konnte jetzt zwei Fäuste machen anstatt, wie vorhin, nur eine. Es war mir ganz so, als ob ich noch lebe und gar nicht gestorben sei. [...]

Eine Hand legte sich auf mein Gesicht und blieb da eine Weile prüfend liegen; sie roch wie Schusterpech und saure Milch.

Also ich hatte den Geruchssinn nicht verloren. Ich war am Ende doch nicht tot! [...]

Dies sagte der Mann im Tone der Genugtuung, welche mir die beruhigende Ueberzeugung brachte, daß mein Blut in Bewegung sei. Ich fühlte es nach den Schläfen steigen. Wer noch Blut hat, das sich in den Adern bewegt, der kann nicht tot sein. Ich lebte also noch; ich lag in Wirklichkeit auf dem Laubhaufen und war also nur besinnungslos gewesen. (In den Schluchten des Balkan, S. 158-162)

In einer Ich-Erzählung kann eine Stelle wie die eben zitierte eigentlich nicht vorkommen, denn niemand kann seine eigene Bewusstlosigkeit beschreiben. Die Darstellung hier wirkt wie ein Traum, wird aber am Schluss als Bewusstlosigkeit deklariert, wenn dem erlebenden Ich klar wird, dass es nur besinnungslos war. Durch die Beschreibung dieses Zustandes gleicht sich das erzählende Ich dem allwissenden Er-Erzähler an, dem es möglich ist, verschiedene Bewusstseinszustände seiner Figuren zu berichten. Also nicht die Erinnerung des erzählenden Ich an Erlebtes, sondern Beschreibung eines an sich unbeschreibbaren Zustandes eines allwissenden Erzählers? Aber ein Ich-Erzähler ist nicht allwissend, er kann nur beschreiben, was er erlebt hat. Karl May hält sich meistens daran. Wenn der Held bewusstlos ist, erinnert er sich nachher an nichts und wird durch seine Umgebung über das Geschehene aufgeklärt.

Wenn man es als Todesnäheerlebnis liest, muss der Ich-Erzähler kein allwissender Erzähler sein, denn es ist seine eigene Erfahrung des nahen Todes, die er in diesem Fall sehr ausführlich beschreibt. Eigentlich überraschend bei der sonstigen Zurückhaltung, was die eigene Innerlichkeit angeht. Diese Zurückhaltung gibt er hier auf. Er beschreibt seinen Ärger, wenn ihn die Gegner beschimpfen, seine Verzweiflung, weil er sich nicht bewegen kann und vor allem seine Angst davor, lebendig begraben zu werden. Dann aber auch sein „Entzücken", als Halef unvermutet zu seiner Rettung erscheint. Das Todesnäheerlebnis hat ihn weicher und empfindsamer gemacht. Doch nicht für lange Zeit. Als ob Karl May befürchtete, sein Held könnte allzu sentimental wirken, wird sofort Rih gestohlen, und Kara Ben Nemsi verfolgt den Dieb in gewohnter Manier. Der Hieb, die Bewegungslosigkeit, alles ist vergessen. Es gibt keine Nachwirkungen, weder in physischer noch in psychischer Hinsicht.

3.2.5 Direkter Redebericht / Dialog[26]

Die Belegstellen machen im Band *Durch die Wüste* 58% des ganzen Textes aus, also mehr als die Hälfte. Bei den andern fünf Bänden des *Orientzyklus* ist die Häufigkeit etwa gleich gross. Dadurch erhält der Text trotz des Erzählers einen mimetisch-fiktionalen Charakterzug, den ich durch die ausschliessliche Verwendung des Begriffs ,Dialog' anstelle von ,direktem Redebericht' unterstreichen möchte. Die Dialoge erfüllen verschiedene Funktionen: Das erlebende Ich erfährt Neuigkeiten, erklärt seine Absichten oder prophezeit hie und da nahendes Unheil, meist für die unbelehrbaren Gegner. Die Handlung wird durch Dialoge ausgelöst, gelenkt und fortgeführt, oder sie sind eine humorvolle Auflockerung. Sie bieten den andern Figuren die Möglichkeit, ihre Perspektive und ihre Gedanken einzubringen und erstrecken sich meist über mehrere Seiten, oft ganz ohne Inquitformeln, nur hie und da kurz unterbrochen durch stumme Sprache oder einen Kommentar. Dadurch erhält der Text beinahe dramatische Züge.

---

26 Der Unterschied von direktem Redebericht und Dialog besteht nicht in der Erscheinungsform, sondern ob man von einem diegetisch-fiktionalen oder mimetisch-fiktionalen Text ausgeht. (s. Tarot, Narratio viva, S. 90ff. / S. 143)

Ich möchte nun auszugsweise einen der bekanntesten Dialoge zwischen Halef und Kara Ben Nemsi zitieren, der zugleich typisch für die vielen Wortgeplänkel zwischen den beiden ist und der den *Orientzyklus* eröffnet:

> „Und ist es wirklich wahr, Sihdi (Herr), daß du ein Giaur bleiben willst, ein Ungläubiger, welcher verächtlicher ist als ein Hund, widerlicher als eine Ratte, die nur Verfaultes frißt?"
>
> „Ja," antwortete ich.
>
> „Effendi, ich hasse die Ungläubigen und gönne es ihnen, daß sie nach ihrem Tode in die Dschehenna kommen, wo der Teufel wohnt; aber dich möchte ich retten vor dem ewigen Verderben, welches dich ereilen wird, wenn du dich nicht zum Ikrar bil Lisan, zum heiligen Zeugnisse, bekennst. Du bist so gut, so ganz anders als andere Sihdis, denen ich gedient habe, und darum werde ich dich bekehren, du magst wollen oder nicht." [...]
>
> Als ich auf seine letzten Worte nicht antwortete, fuhr er fort:
>
> "Weißt du, Sihdi, wie es den Giaurs nach ihrem Tode ergehen wird?"
>
> „Nun?" fragte ich.
>
> „Nach dem Tode kommen alle Menschen, sie mögen Moslemim, Christen, Juden oder etwas Anderes sein, in den Barzakh."
>
> „Das ist der Zustand zwischen dem Tode und der Auferstehung?"
>
> „Ja, Sihdi. Aus ihm werden sie alle mit dem Schall der Posaunen erweckt, denn el Jaum el akhar, der jüngste Tag, und el Akhiret, das Ende, sind gekommen, wo dann alles zu Grunde geht, außer el Kuhrs, der Sessel Gottes, er Ruhh, der heilige Geist, el Lauhel mafus und el Kalam, die Tafel und die Feder der göttlichen Vorherbestimmung."
>
> "Weiter wird nichts mehr bestehen?"
>
> „Nein."
>
> „Aber das Paradies und die Hölle?"
>
> „Sihdi, du bist klug und weise; du merkst gleich, was ich vergessen habe, und daher ist es jammerschade, daß du ein verfluchter Giaur bleiben willst. Aber ich schwöre es bei meinem Barte, daß ich dich bekehren werde, du magst wollen oder nicht!" [...]

Hadschi Halef Omar beschreibt nun, unterstützt von Kara Ben Nemsi, ausführlich die Hölle und das Paradies.

> „Nun, was meinst du jetzt?" fragte er, als ich schwieg.
>
> „Ich will dir aufrichtig sagen, daß ich nicht sechzig Ellen lang werden mag; auch mag ich von den Houris nichts wissen, denn ich bin ein Feind aller Frauen und Mädchen."
>
> „Warum?" fragte er ganz erstaunt.
>
> „Weil der Prophet sagt: ‚Des Weibes Stimme ist wie der Gesang der Bülbül (Nachtigall), aber ihre Zunge ist voll Gift wie die Zunge der Natter.' Hast du das noch nicht gelesen?"
>
> „Ich habe es gelesen."
>
> Er senkte den Kopf; ich hatte ihn mit den Worten seines eigenen Propheten geschlagen. Dann fragte er mit etwas weniger Zuversichtlichkeit:
>
> „Ist nicht trotzdem unsere Seligkeit schön? Du brauchst ja keine Houri anzusehen."
>
> „Ich bleibe ein Christ!"
>
> „Aber es ist nicht schwer, zu sagen: La Illa illa Allah, we Muhammed Resul Allah!"
>
> „Ist es schwerer, zu beten: Ja abana 'Iledsi, fi's – semavati, jata – haddeso 'smoka?"
>
> Er blickte mich zornig an.
>
> „Ich weiß es wohl, daß Isa Ben Marryam, den ihr Jesus nennt, euch dieses Gebet ge-

lehrt hat; ihr nennt es das Vaterunser. Du willst mich stets zu deinem Glauben bekehren, aber denke nur nicht daran, daß du mich zu einem Abtrünnigen vom Tauhid, dem Glauben an Allah, machen wirst!" [...]
„So laß mir meinen Glauben, wie ich dir den deinigen lasse!"
Er knurrte auf diese meine Worte etwas vor sich hin und brummte dann:
„Aber ich werde dich dennoch bekehren, du magst wollen oder nicht. Was ich einmal will, das will ich, denn ich bin der Hadschi (Mekkapilger) Halef Omar Ben Hadschi Abul Abbas Ibn Hadschi Dawud al Gossarah!"
„So bist du der Sohn Abul Abbas', des Sohnes Dawud al Gossarah?"
„Ja."
„Und beide waren Pilger?"
„Ja."
„Auch du bist ein Hadschi?"
„Ja."
„So waret ihr alle Drei in Mekka und habt die heilige Kaaba gesehen?" [...]

Mit dieser Frage trifft Kara Ben Nemsi den wunden Punkt. Hadschi Halef Omar muss nun gestehen, dass seine Vorväter und er selbst auf der Reise nach Mekka immer irgendwo aufgehalten wurden.

„Hm! Ich denke, nur wer in Mekka war, darf sich einen Hadschi nennen?"
„Eigentlich, ja. Aber ich bin ja auf der Reise dorthin!"
„Möglich! Doch du wirst auch irgendwo eine schöne Jungfrau finden und bei ihr bleiben; deinem Sohne wird es ebenso gehen, denn dies scheint euer Kismet zu sein, und dann wird nach hundert Jahren dein Urenkel sagen: ‚Ich bin Hadschi Mustafa Ben Hadschi Ali Assabeth Ibn Hadschi Said al Hamza Ben Hadschi Schehab Tofail Ibn Hadschi Halef Omar Ben Hadschi Abul Abbas Ibn Hadschi Dawud al Gossarah', und keiner von all diesen sieben Pilgern wird Mekka gesehen haben und ein echter, wirklicher Hadschi geworden sein. Meinst du nicht?"
So ernst er sonst war, er mußte dennoch über diese kleine, unschädliche Malice lachen. [...] Mein guter Halef fühlte sich geschlagen, aber er nahm es mit guter Miene hin.
„Sihdi," fragte er kleinlaut, „wirst du es ausplaudern, daß ich noch nicht in Mekka war?"
„Ich werde nur dann davon sprechen, wenn du wieder anfängst, mich zum Islam zu bekehren; sonst aber werde ich schweigen. [...]" (Durch die Wüste, S. 9-17)

In diesem Dialog sind „in wenigen Strichen [...] die Gegensätze gezeichnet, die dem ganzen Werk sein Gepräge geben. Erheiternd wirkt der Zusammenstoß von Halefs ‚orientalischem' Temperament mit Karas ‚deutscher' Gelassenheit, wobei die Bekehrungswut leitmotivisch alle sechs Bände durchzieht [...]. May pointiert diesen ideellen wie wesensmäßigen Kontrast noch durch unterschiedliche Verhaltensweisen oder Strategien. Überschäumendes Pathos, Sprach- und Bildverliebtheit prallen auf provokativen Lakonismus, der sich letztendlich als Sieger weiß."[27]
Kara Ben Nemsi äussert sich kaum zu den ausführlichen Schilderungen von Halef, er korrigiert sie nur. Die Begründung für seine Weigerung zum Übertritt nimmt er aus dem Koran, was Halef zum Schweigen bringt. Er entlarvt mit wenigen Worten Halefs grosssprecherischen Titel als Farce, die dieser mit wortreichen Erklärungen zu recht-

---

27   Scholdt, Und ist es wirklich wahr ..., S. 123

fertigen sucht. Kara Ben Nemsi beherrscht die Sprache offensichtlich besser als Halef, obwohl er jeweils zu sagen pflegt, Halef sei der bessere Erzähler. Doch Kara Ben Nemsi ist nicht nur Halef im Gespräch überlegen. Er versteht es meisterhaft, die Gegner mit Worten zu überlisten, so dass sie ihm wichtige Dinge verraten wie Ali Manach Ben Barud el Amasat in Stambul[28], oder auch sich selbst verraten wie Suef[29], der sich zuerst als harmloser Schneider ausgibt.

Der zitierte Dialog sieht aus wie ein Akt aus einem Drama. Das Gespräch wird höchstens durch Belegstellen stummer Sprache unterbrochen, die Regieanweisungen gleichen. Dadurch wird der Text mimetisch-fiktional, das heisst, der Dialog erzeugt Unmittelbarkeit. Der Erzähler als Vermittlungsinstanz verschwindet (scheinbar) vollständig. Die wenigen Inquitformeln verlieren ihren Vergangenheitscharakter und werden zum epischen Präteritum. Das Verschwinden der Vermittlungsinstanz hat noch einen andern Vorteil. Das erzählende Ich ist damit nicht gezwungen zu erklären, wie es ihm möglich ist, sich an so ausführliche Gespräche wortwörtlich zu erinnern. In der mimetisch-fiktionalen Erzählung gibt es dieses Legitimierungsproblem nicht.

3.2.6 Vermischung der Perspektiven

Bei Karl May gibt es bestimmte Textabschnitte, die nicht leicht einzuordnen sind, aber immer ähnliche Merkmale haben. Diese Textstellen bestehen aus Wahrnehmungen und/oder Gedanken des erlebenden Ich, die laufend vom erzählenden Ich kommentiert werden. Das heisst, Wahrnehmungen, Gedanken und Gefühle des erlebenden Ich in der jeweiligen Situation vermischen sich mit den Gedanken und Gefühlen des erzählenden, erinnernden Ich beim Schreiben. Und das alles manchmal innerhalb eines einzigen Satzes. In meiner Lizentiatsarbeit hatte ich diese Textstellen unter dem Kommentar des erzählenden Ich auf der Handlungsebene besprochen. Aber nun melden sich Zweifel, denn die scheinbaren Kommentare des erzählenden Ich werden Grundlage für das weitere Verhalten des erlebenden Ich. Das bedeutet also, dass die entsprechenden Gedanken nicht erst dem erzählenden Ich zuhause beim Schreiben eingefallen sind, sondern dass das erlebende Ich schon daran gedacht hat. Aber gerade in diesen Gedankenberichten wird auch immer wieder indirekt der Leser angesprochen, was nur das erzählende Ich tun kann. Es ist also eine eigentümliche Vermischung der Perspektiven des erzählenden und des erlebenden Ich. Die Erzähltheorie beschreibt eine Vermischung der Perspektiven meines Wissens nur bei Er-Erzählungen, wenn nicht eindeutig ist, ob etwas in die Perspektive der Figur oder des Erzählers fällt. Dort wird es Demarkationsproblem genannt. Für die Ich-Erzählungen Karl Mays ist die Vermischung der Perspektiven von erzählendem und erlebendem Ich typisch. Inhaltlich wird meist etwas oder jemand beschrieben oder das Ich macht sich Gedanken. Ich werde das Ganze an Beispielen illustrieren und erläutern.

> Durch diese Worte aufmerksam gemacht, bemerkte ich in einer Entfernung von uns allerdings einige mit den Händen zusammengeballte und wohl als unnütz weggeworfene Papierstücke. Sie konnten mir vielleicht einen Anhaltspunkt bieten, und ich

---

28   Von Bagdad nach Stambul, S. 450ff.
29   Durch das Land der Skipetaren, S. 300ff.

ging, um sie aufzuheben. Es waren mehrere Zeitungsbogen. Ich glättete die zusammengeknitterten Fetzen und paßte sie genau aneinander. (Durch die Wüste, S. 20)

An dieser Stelle berichtet das erzählende Ich, wie es damals aufmerksam wurde und dadurch etwas bemerkte, nämlich zusammengeballte Papierstücke. Die Stelle „wohl als unnütz weggeworfene" ist eine Vermutung, die sowohl das erzählende wie das erlebende Ich hegen kann. Da der erste Teil des Satzes dem erzählenden Ich zuzuordnen ist, wäre ich geneigt, auch diese Stelle dem erzählenden zuzusprechen, wenn nicht der folgende Satz wäre. „Sie konnten mir vielleicht einen Anhaltspunkt bieten" ist eine Vermutung des erlebenden Ich, weil das erlebende Ich hingeht und die Papierfetzen aufhebt. Ausserdem kennt das erzählende Ich den Ausgang der Handlung und weiss bereits, dass die Papierfetzen Anhaltspunkte bieten. „Es waren mehrere Zeitungsbogen" scheint mir nicht eindeutig. Es kann der Kommentar des erzählenden Ich sein, das dem Leser die Art der Papierfetzen erklärt. Es kann aber genausogut die Reaktion des erlebenden Ich sein, das die Fetzen beim Aufheben genauer ansieht und denkt: „Das sind ja Zeitungsbogen." Ich neige zur zweiten Auffassung, da der Satz eingebettet ist in die Handlung. Das erlebende Ich geht hin, hebt auf, glättet und passt aneinander und stellt dabei fest, worum es sich handelt.

> Wahrhaftig, der Mann erschrak förmlich, und ich begann, infolgedessen die Vermutung zu hegen, daß ich mit meinen Worten das Richtige getroffen hatte. Er hatte ganz und gar nicht die Physiognomie eines Beduinen; Gesichter, wie das seinige, waren mir vielmehr bei Männern von armenischer Herkunft aufgefallen und – – ah, war es nicht ein armenischer Händler, der den Kaufmann in Blidah ermordet hatte und dessen Steckbrief ich in der Tasche trug? Ich hatte mir nicht die Zeit genommen, den Steckbrief, wenigstens das Signalement, aufmerksam durchzulesen. Während mir diese Gedanken blitzschnell durch den Kopf gingen, fiel mein Blick nochmals auf den Revolver. An seinem Griff befand sich eine silberne Platte, in welche ein Name eingraviert war. – „Erlaube mir!"– Zu gleicher Zeit mit dieser Bitte griff ich nach der Waffe und las: „*Paul Galingré, Marseille.*" Das war ganz sicher nicht der Name der Fabrik, sondern des Besitzers. Ich verriet aber mein Interesse durch keine Miene [...]. (Durch die Wüste, S. 26-27)

Auch diese Textstelle beginnt ganz harmlos als Bericht des erzählenden Ich über die übertriebene Reaktion seines damaligen Gegenübers und den eigenen Vermutungen dazu. Diese Berichterstattung geht bis zur folgenden Stelle: „ah, war es nicht ein armenischer Händler, der [...] dessen Steckbrief ich in der Tasche trug?". Hier hat das erlebende Ich plötzlich eine vage Idee, vage deshalb, weil es den Steckbrief noch nicht genau gelesen hat, wie das erzählende Ich erklärt. Es ist aber eindeutig eine Idee des erlebenden und nicht des erzählenden Ich, da dann der Hinweis folgt „Während mir diese Gedanken blitzschnell durch den Kopf gingen". Doch gerade dieser Hinweis zeigt, dass schon die Bemerkungen zur Physiognomie des Gegenübers Gedanken des erlebenden Ich sein müssen. Es studiert das Gesicht und macht sich seine Gedanken dazu, Gedanken mit ungefähr folgendem Inhalt: Der Mann erklärte sich für einen Beduinen; Beduinen sind alle Moslems; er erschrickt über die Unterstellung, kein Moslem zu sein; seine Physiognomie ist nicht diejenige eines Beduinen, sondern die eines Armeniers – – Moment! Die Zeitung erwähnt doch einen Armenier, der unter Mordverdacht steht; etc. Es entsteht also im erlebenden Ich der Verdacht, dass dieser Mann hier mit jenem Mörder identisch sein könnte. Der eingravierte Name auf dem Revolver bestätigt den Verdacht des erlebenden Ich. Das zeigt sich im Satz „Das war ganz sicher nicht der Name der Fabrik, sondern des Besitzers", den ich als erlebte Rede einordnen möchte. An dieser Textstelle zeigt sich sehr schön, wie eine erste Interpretation durch den nachfolgenden Text revidiert werden muss. Ein scheinbarer Kommentar des erzählenden Ich entpuppt sich als Gedankengang des erlebenden.

> Als wir anlangten, bemerkte ich, daß ein schmaler Kanal aus dem Flusse unter der Mauer fortführte, jedenfalls um die Bewohner mit dem nötigen Wasser zu versehen, ohne daß dieselben sich aus ihrer Wohnung zu bemühen brauchten. [...] Architektonische Schönheit durfte ich bei einem orientalischen Prachtgebäude nicht erwarten, und so fühlte ich mich auch nicht überrascht von der kahlen, nackten, fensterlosen Front, welche das Haus mir zukehrte. Aber das Klima des Landes hatte denn doch einen etwas zu zerstörenden Einfluß auf das alte Gemäuer ausgeübt, als daß ich es zur Wohnung eines zarten, kranken Weibes hätte empfehlen mögen.
>
> Früher hatten Zierpflanzen des schmalen Raum zwischen der Mauer und dem Gebäude geschmückt und den Bewohnerinnen eine angenehme Erholung geboten; jetzt waren sie längst verwelkt und verdorrt. Wohin das Auge nur blickte, fand es nichts als starre kahle Oede, und nur Scharen von Schwalben, welche in den zahlreichen Rissen und Sprüngen des betreffenden Gebäudes nisteten, brachten einigermaßen Leben und Bewegung in die traurige tote Szene.
>
> Der voranschreitende Bote führte uns durch einen dunklen, niedrigen Torgang in einen kleinen Hof, dessen Mitte ein Bassin einnahm. Also bis hierher führte der Kanal, welchen ich vorhin bemerkt hatte, und der Erbauer des einsamen Hauses war klugerweise vor allen Dingen darauf bedacht gewesen, sich und die Seinigen reichlich mit dem zu versorgen, was in dem heißen Klima jener Länderstriche das Notwendigste und Unentbehrlichste ist. Zugleich bemerkte ich nun auch, daß der ganze Bau darauf gerichtet war, die jährlich wiederkehrenden Ueberschwemmungen des Nils schadlos aushalten zu können.
>
> In diesen Hof hinab gingen mehrere hölzerne Gitterwerke, hinter denen jedenfalls die zum Aufenthalte dienenden Räume lagen. Ich konnte ihnen jetzt keine große, zeitraubende Betrachtung schenken [...]. (Durch die Wüste, S. 86-87)

Stände diese längere Passage in einer Er-Erzählung, würde ich sie als Kommentar des Erzählers auf der Handlungsebene einordnen. Aber sie steht in einer Ich-Erzählung von Karl May, wo das erlebende Ich die gleichen Anschauungen und das gleiche Wissen hat wie das erzählende. Der zitierte Text liest sich als Beschreibung des erzählenden Ich, die immer wieder unterbrochen wird durch Vermutungen des erlebenden Ich, eingeleitet mit „jedenfalls" oder durch die Perspektive des erlebenden Ich in den Sätzen mit „nun" und „jetzt". Oder aber das Zitat ist dem erlebenden Ich zuzuordnen, da es alles wahrnimmt und auch über Architektur und Nilüberschwemmungen Bescheid weiss. Es zeigte sich dann wieder als Reflektorfigur, welche beobachtet und nachdenkt, in diesem Fall nicht über eine Handlung, sondern über die Architektur eines Hauses. Die Perspektive des erlebenden Ich wäre nur einmal durch den Tempuswechsel „was in dem heissen Klima jener Länderstriche das Notwendigste und Unentbehrlichste ist" unterbrochen. Ich neige zur zweiten Annahme, da die Perspektive des erlebenden Ich auch sonst im Text häufiger ist. Auch ist der Fluss der Erzählung dadurch ruhiger, als wenn dauernd zwischen den beiden Perspektiven hin und her gewechselt würde.

Draußen bemerkte ich nach rechts Isla Ben Maflei mit Senitza fliehen; ich wandte mich also nach links. Abrahim ließ sich täuschen. Er sah nicht sie, sondern nur mich und folgte mir. Ich sprang um die eine Ecke, in der Richtung nach dem Flusse zu, oberhalb des Hauses, während unser Boot unterhalb desselben lag. Dann rannte ich um die zweite Ecke, das Ufer entlang. – „Halt, Bube! Ich schieße!" erscholl es hinter mir. – Er hatte also die Waffen bei sich gehabt. Ich eilte weiter. Traf mich seine Kugel, so war ich tot oder gefangen, denn hinter ihm folgten seine Diener, wie ich aus ihrem Geschrei vernahm. Der Schuß krachte. Er hatte im Laufen gezielt, statt dabei stehen zu bleiben; das Geschoß flog an mir vorüber. Ich tat, als sei ich getroffen, und warf mich zur Erde nieder. (Durch die Wüste, S. 129)

Diese Stelle ist eine Mischung von Gedanken des erlebenden Ich, Kommentaren des erzählenden, und Erzählung der Handlung. Von „Abrahim liess sich täuschen" bis „folgte mir" ist es ein Erzählerkommentar, denn das erlebende Ich ist auf der Flucht, und es ist unwahrscheinlich, dass es sich dabei umdreht, wenn es sich nicht einmal umdreht, als Abrahim mit Schiessen droht. Also kann es nicht wissen, was hinter ihm vorgeht. Das erzählende Ich hat aus dem Erlebten seine Schlüsse gezogen und erzählt diese nun wie ein allwissender Er-Erzähler. Das gleiche gilt auch für den Teilsatz „Er hatte im Laufen gezielt, statt dabei stehen zu bleiben". Ausserdem gibt das erzählende Ich Erklärungen ab zu seinem damaligen Verhalten, wie in den Teilsätzen „ich wandte mich also nach links" und „während unser Boot unterhalb desselben lag". Den Satz „Er hatte also Waffen bei sich gehabt" ordne ich als Gedanken des erlebenden Ich ein, da unmittelbar vorher bei „erscholl es hinter mir" die Perspektive des erlebenden Ich im Vordergrund steht. Auch in diesem Textabschnitt gibt es einen Satz, den ich nicht einordnen kann. Ich meine folgenden: „Traf mich seine Kugel, so war ich tot oder gefangen, denn hinter ihm folgten seine Diener, wie ich aus ihrem Geschrei vernahm". Das „denn" verweist auf das erzählende Ich, das erklärt „denn hinter ihm folgten seine Diener". Bei „wie ich aus ihrem Geschrei vernahm" wechselt die Perspektive zum erlebenden Ich, das die Diener schreien hört. Doch was mache ich mit dem Teilsatz „Traf mich die Kugel, so war ich tot oder gefangen"? Er drückt die Besorgnis des erlebenden Ich über sein mögliches Schicksal aus. Aber man kann es auch als Erklärung für den Satz „Ich eilte weiter" lesen. Abrahim droht zu schiessen, Kara Ben Nemsi eilt weiter, weil er durch Stehenbleiben dem Schuss nicht entgehen kann. Wenn Abrahim trifft, ist es sowieso aus. Ausserdem ist es nötig, einen möglichst grossen Vorsprung zu haben.

Das war wirklich ein allerliebster Freundschaftsbeweis gegen mich. Fünfzig Hiebe? Es war doch zu viel. Zehn oder fünfzehn hätte ich ihnen gegönnt. So aber mußte ich mich ihrer annehmen. (Durch die Wüste, S. 443)

Die ersten drei Sätze sind erlebte Rede. Doch die Einordnung der andern beiden ist schwieriger. Ist „Zehn oder fünfzehn hätte ich ihnen gegönnt" noch erlebte Rede oder einfach eine Bemerkung des erzählenden Ich über seine damalige Einstellung? Der folgende Satz „So aber musste ich mich ihrer annehmen" ist die Erklärung des erzählenden Ich für sein damaliges Verhalten. „Zehn oder fünfzehn hätte ich ihnen gegönnt" steht also zwischen der erlebten Rede und dem Kommentar des erzählenden Ich. Der Form nach ist es ein Kommentar des erzählenden, dem Inhalt nach ein Gedanke des erlebenden Ich. Erlebte Rede ist es nicht, da es sich nicht ohne inhaltliche

Veränderung in einen direkten Gedankenbericht verwandeln lässt. Ich dachte: „Zehn oder fünfzehn hätte ich ihnen gegönnt." suggeriert, dass die Debatte über die Anzahl der Hiebe bereits unwiderruflich beendet wurde, während die Hiebe in diesem Stadium der Erzählung erst als mögliche Strafe in Betracht gezogen werden. Es bleibt also offen, ob der Satz als Kommentar des erzählenden oder Gedanke des erlebenden Ich zu interpretieren ist.

> Da trat Ali Bey wieder ein, und das war mir – offen gestanden – sehr lieb. Meine Wißbegierde in Beziehung auf die Teufelsanbeter hätte mich beinahe diesem einfache Kurden gegenüber in Verlegenheit gebracht. Ich mußte bei dem Vorwurfe der Glaubensspaltung in meiner eigenen Heimat schweigen – leider, leider!
> (Durch die Wüste, S. 488-489)

Zuerst spricht wieder das erzählende Ich, wendet sich sogar mit der Bemerkung „offen gestanden" indirekt an den Leser. Die Perspektive wechselt mit dem Wort „diesem" beim Teilsatz „diesem einfachen Kurden gegenüber" zum erlebenden Ich, denn das erzählende Ich könnte nur das Pronomen „jenem" gebrauchen, da es von damals und dort berichtet, während das erlebende Ich hier und jetzt „diesem" Kurden gegenüber sitzt. Durch diesen Perspektivenwechsel zum erlebenden Ich möchte ich auch den folgenden Satz „Ich musste bei dem Vorwurfe der Glaubensspaltung in meiner eigenen Heimat schweigen – leider, leider!" diesem zuordnen und nicht als Kommentar des erzählenden Ich einordnen, denn das „leider, leider" kann auch als erlebte Rede gelesen werden.

Ein anderes eigenartiges Beispiel ist das folgende:

> Die ganze Gegend rechts und links vom Strome ist ein Grab, eine große, ungeheure, öde Begräbnisstätte. Die Ruinen des alten Rom und Athen werden vom Strahle der Sonne beleuchtet, und die Denkmäler des einstigen Aegypten ragen als gigantische Gestalten zum Himmel empor. Sie reden verständlich genug von der Macht, dem Reichtume und dem Kunstsinne jener Völker, welche sie errichtet haben. Hier aber, an den beiden Strömen Euphrat und Tigris, liegen nur wüste Trümmerhaufen, über welche der Beduine achtlos dahinreitet, oft ohne nur zu ahnen, daß unter den Hufen seines Pferdes die Jubel und die Seufzer von Jahrtausenden begraben liegen. Wo ist der Turm, welchen die Menschen im Lande Sinear bauten, als sie zu einander sprachen: ‚Kommt, lasset uns eine Stadt und einen Turm bauen, dessen Spitze bis an den Himmel reicht, damit wir uns einen Namen machen!' –? Sie haben Stadt und Turm gebaut, aber die Stätte ist verwüstet. Sie wollten sich einen Namen machen, aber die Namen der Völker, welche diese Stadt nacheinander bewohnten und in dem Turme ihren sündigen Gottesdienst verübten, und die Namen der Dynastien und Statthalter, welche hier im Golde und Blute von Millionen wühlten, sie sind verschollen und können mit größter Mühe und von unseren besten Forschern kaum noch erraten werden. – – (Durch die Wüste, S. 274-275)

Wenn diese Stelle allerdings nicht vorwiegend im Präsens stehen würde, könnte man die Gedanken auch sehr gut Kara Ben Nemsi zuordnen, so aber lese ich es eher als Erzählerkommentar auf der Erzählerebene.

Jetzt komme ich zu einer Stelle, die ich trotz des Präsens dem erlebenden Ich zuordnen würde:

Wo hatte ich diese Züge doch nur bereits einmal gesehen, diese schönen, feinen und in ihrer Mißharmonie doch so diabolischen Züge? Forschend, scharf, stechend, nein, förmlich durchbohrend senkt sich der Blick des kleinen, unbewimperten Auges in den meinen und kehrt dann kalt und wie beruhigt wieder zurück. Glühende entnervende Leidenschaften haben diesem Gesichte immer tiefere Spuren eingegraben; die Liebe, der Haß, die Rache, der Ehrgeiz sind einander behilflich gewesen, eine großartig angelegte Natur in den Schmutz des Lasters herniederzureissen und dem Aeußeren des Mannes jenes unbeschreibliche Etwas zu verleihen, welches dem Guten und Reinen ein sicheres Warnungszeichen ist. Wo bin ich diesem Manne begegnet? Gesehen habe ich ihn, ich muß mich nur besinnen; aber das fühle ich, unter freundlichen Umständen ist es nicht gewesen. (Durch die Wüste, S. 88-89)

Der erste und die letzten beiden Sätze sind uneingeleitete Gedankenberichte des erlebenden Ich. „welches dem Guten und Reinen ein sicheres Warnungszeichen ist" ist ein auktorialer Tempuswechsel, also ein allgemeingültiger Kommentar des erzählenden Ich. Der Rest dazwischen könnte eine Beschreibung von Abraham Mamur durch das erzählende Ich im historischen Präsens sein. Im historischen Präsens deshalb, weil Figuren auf der Handlungsebene beschrieben werden und Figuren nicht Teil der Erzählerebene sind. Oder es könnte die Wahrnehmung des erlebenden Ich sein, die im historischen Präsens geschildert wird. Ich tendiere zur letzten Annahme, weil die Stelle von uneingeleiteten Gedankenberichten des erlebenden Ich eingerahmt wird und nur gerade durch den einen oben erwähnten Teilsatz vom erzählenden Ich unterbrochen wird.
Bei all den Belegstellen mit dem Demarkationsproblem, entscheide ich mich in der Regel für die Perspektive des erlebenden Ich. Das scheint mir gerechtfertigt durch das Ergebnis der Analyse, welches zeigt, dass der *Orientzyklus* einen starken mimetisch-fiktionalen Charaker aufweist. Er ist natürlich wie alle Texte im 19. Jahrhundert kein rein mimetisch-fiktionaler Text, sondern eine Übergangsform. Der Ich-Erzähler findet sich in Tempuswechseln, Kommentaren, Raffungen etc. Doch alles in allem ist er sehr zurückhaltend. Die Dialoge nehmen bei weitem am meisten Text in Anspruch und in den 40% des Textes, die übrig bleiben, steht das erlebende Ich als Held und Reflektor, der handelt, beobachtet und nachdenkt im Vordergrund. Dies alles führt dazu, dass der Leser die Vermittlungsinstanz Ich-Erzähler auf vielen Seiten vergessen kann. Karl May benutzt das einfachste Mittel zur Erzeugung von Unmittelbarkeit, nämlich die Dialoge, so ausführlich, dass der Text an manchen Stellen wie ein Ausschnitt aus einem Drama wirkt. Die mit den Dialogen auftretende stumme Sprache und die Inquitformeln wirken wie Regieanweisungen, verlieren den Vergangenheitscharakter und werden zum epischen Präteritum.

3.3 Winnetou-Trilogie

3.3.1 Entstehung und Aufbau

Karl May hat 1893 den Band 1 komplett neu für die Fehsenfeld-Ausgabe geschrieben, während die Bände 2 und 3 aus früheren, bereits einmal veröffentlichten, überarbeiteten Erzählungen zusammengesetzt und jeweils mit einem neuen Schlusskapitel versehen sind. Da Karl May die Überarbeitungen eher flüchtig gemacht hat, zeigen sich im Verhalten der Figuren Winnetou und Old Shatterhand manche Unstimmigkeiten. Diese sind jedoch vor allem inhaltlich bedingt und nicht formal, da auch die früher entstandenen Erzählungen Ich-Erzählungen waren.

Die drei Bände umfassen jeweils zwischen sechs und acht Kapiteln. Der erste Band beginnt mit einer Einleitung, der dritte wird durch ein Nachwort beendet, welches von Karl May 1904 noch umgeschrieben wurde. Band 1 ist die in sich geschlossene Geschichte des jungen Hauslehrers und Greenhorns, das in atemberaubendem Tempo zum perfekten Westmann und Häuptling der Apachen wird. Band 2 umfasst zwei voneinander unabhängige Geschichten: diejenige um Old Death und die um Old Firehand, wobei die letztere am Schluss wieder auf den Mörder Santer aus Band 1 zurückkommt. Der dritte Band umfasst eigentlich drei Geschichten: zuerst ist Sans-ear Old Shatterhands Begleiter, in der zweiten Geschichte Fred Walker und Winnetou. Die dritte zeigt Old Shatterhand bei der Ausführung von Winnetous letztem Willen und die endgültige Bestrafung Santers.

3.3.2 Dialog

Die Belegstellen für Dialog machen in allen drei Bänden ungefähr 50% des Textes aus. Die Dialoge haben verschiedene Funktionen. Es gibt die humorvollen und diejenigen, die die Handlung vorantreiben, und auch solche wie das folgende Zitat, in dem Old Shatterhand als erlebendes Ich Neuigkeiten erfährt.

> Wie nun kam Bob, der alte, weißhaarige Schwarze, hierher in den Llano estaccado?
> „Geht es jetzt besser, Bob?" fragte ich ihn.
> „Besser, sehr besser, oh, ganz besser." […] „Massa Charley, der ganz' viel' groß Jäger! Oh, Nigger Bob sein froh, daß treffen Massa, denn Massa Charley retten Massa Bern', der sonst sein tot, ganz viel tot." […]
> „Was tut Bernhard hier in dem Llano estaccado?"
> „Was tun? Bob nicht wissen das, denn Bob doch nicht sehen Massa Bern', der sein fort mit all ander Massa."
> „Wer sind die Leute, mit denen er reist?"
> „Leute sein Jäger, sein Kaufmann, sein – – oh Bob nicht alles wissen!"
> „Wo wollte er hin?"
> „Nach Californ', nach Francisco zu jung Massa Allan."
> „So ist Allan in Francisco?"
> „Massa Allan dort sein, kaufen groß viel Gold für Massa Marshal. Aber Massa Marshal nicht mehr brauchen Gold, weil Massa Marshal sein tot."
> „Master Marshal ist gestorben?" fragte ich erstaunt […].
> „Ja, aber nicht tot von Krankheit, sondern tot von Mord."
> „Ermordet ist er worden?" rief ich entsetzt. „Von wem?"
> „Bob nicht wissen Mörder, auch niemand wissen Mörder. Mörder kommen in Nacht,

stoßen Messer in Brust von Massa Marshal und nehmen mit all' Stein', Juwel' und Gold, was gehören Massa Marshal. […]"
„Wann ist dies geschehen?"
„Das war sein vor viel' Woch', vor viel' Monat'; fünf Monat' nun vorbei. Massa Bern' sein werden ganz viel arm; Massa Bern' schreiben an Massa Allan in Californ', aber nicht erhalten Antwort und darum selbst gehen nach Californ', um zu suchen Massa Allan."
Das war nun allerdings eine fürchterliche Nachricht, welche ich hier erhielt.
(Winnetou III, S. 84-86)

Natürlich muss das erlebende Ich in der Regel nicht jede Einzelheit aus dem Dialogpartner herausholen, da dieser meist imstande ist, seine Geschichte zusammenhängend zu erzählen. Ich habe dieses Beispiel gewählt, weil es ein für Karl May typischer Dialog ist. Wenn überhaupt eine Inquitformel gebraucht wird, ist sie verbunden mit stummer Sprache. Es ist an der Sprache klar erkennbar, wer spricht, da Bob offenbar nur gebrochen sprechen kann. Bob ist die einzige Figur der Trilogie, die sofort und unfehlbar an der Sprache erkannt werden kann. Die anderen Figuren reden die gleiche Sprache wie das erlebende Ich, das heisst, sie haben keinen Akzent.

3.3.3 Innerlichkeit

Das erzählende Ich überschreitet hie und da seine Grenzen, indem es die Gedanken und Überlegungen anderer Figuren mit Gedanken- oder Innerlichkeitsberichten berichtet. Doch beschränkt sich dies überwiegend auf Winnetou und wird mit der engen Bindung von Winnetou und Old Shatterhand begründet. Die erzählerischen Mittel beschränken sich auf stumme Sprache und Innerlichkeitsbericht. Die stumme Sprache tritt etwa gleich häufig auf wie im *Orientzyklus* und bezieht sich auch hier in den meisten Fällen nicht auf das erlebende Ich, sondern auf die andern Figuren. Auch an der Häufigkeit der Innerlichkeitsberichte hat sich gegenüber dem *Orientzyklus* nichts geändert, ebensowenig an ihrer Aufteilung auf die Figuren: Zwei Drittel kommen auf das erlebende Ich und ein Drittel auf die andern Figuren. Gedankenberichte und berichtete erlebte Rede sind so selten, dass sie vernachlässigbar sind. In Bezug auf die stumme Sprache ist auch hier wie schon im *Orientzyklus* das erlebende Ich der perfekte Beobachter, so im folgenden Beispiel:

Ich sah bei diesen Worten, daß seine Augen, wie unter einem heimlichen Entschlusse leuchtend, auf mich gerichtet waren […]. (Winnetou I, S. 314)

Old Shatterhand ist durch diese Beobachtung gewarnt und nimmt sich in acht, so dass es ihm gelingt, seine Gegner zu besiegen. Es ist ein typischer Beleg für stumme Sprache inmitten eines Dialoges. Auch im zweiten Beispiel zeigt sich, wie gut Old Shatterhand die Gesten seines Gegenübers interpretieren kann.

Old Death machte eine heftige Bewegung gegen ihn und wollte ihm eine strenge Antwort geben, besann sich aber und antwortete ruhig […]. (Winnetou II, S. 274)

Hier schliesst der erinnernde Ich-Erzähler aus der Handbewegung von Old Death, was seine Absicht ist. Das verleiht dem erzählenden Ich einen Anflug von Allwissenheit. Das letzte Zitat ist ein Beispiel für die Innerlichkeit des erlebenden Ich. Da sich die Beschreibung über mehrere Seiten hinzieht, will ich nur Ausschnitte daraus zitieren.

Was soll ich weiter erzählen? Die wahre Trauer liebt die Worte nicht! [...]
Und doch, als der beste, der treueste Freund, den ich je besessen habe, nun als Leiche
vor mir lag, wollte mir das Herz brechen; ich befand mich in einem Seelenzustande,
welcher sich nicht beschreiben läßt. [...]
Ich wachte die ganze Nacht hindurch, wortlos, mit heißen, trockenen Augen. [...]
Was ich dachte, und was ich fühlte? Wer möchte das wohl fragen! [...]
Winnetou tot! Diese beiden Worte sind genügend, um die Stimmung zu bezeichnen,
in welcher ich mich damals befand. [...] Ich war geistesabwesend. Mein Seelenzu-
stand glich demjenigen eines Mannes, der einen Hieb auf den Kopf erhalten hat und,
nur halb betäubt, alles wie von weitem hört und alles wie durch eine mattgeschliffene
Glasscheibe sieht. (Winnetou III, S. 419-422)

Dieses Zitat ist nicht typisch für Karl May. Normalerweise werden die Gefühle des erlebenden Ich nicht so ausführlich diskutiert. Ebenfalls ungewöhnlich ist, dass das erzählende Ich Schwierigkeiten hat, die Gefühle des erlebenden Ich zu beschreiben. Es
wiederholt mehrmals, dass sie nicht zu beschreiben sind, fügt jedoch sofort einen mehr
oder weniger geglückten Vergleich an, wie man sich den seelischen Zustand vorzustel-
len habe, obwohl es davon ausgeht, dass der Leser weiss, dass wahre Trauer keine
Worte kennt.

3.3.4 Der Ich-Erzähler

Die Handlung wird selten durch einen Wechsel auf die Erzählerebene unterbrochen
und wenn, dann meist um etwas Allgemeingültiges über Land und Leute zu sagen, wie
die Beschreibung des Llano estaccado[30]. Im Durchschnitt findet sich alle fünf Seiten
ein Tempuswechsel, alle 15 Seiten ein Erzählerkommentar auf der Erzählerebene und
alle 32 Seiten eine indirekte Leseranrede. Die Handlung wird linear erzählt, das heisst,
es gibt praktisch keine Rückwendungen oder Vorausdeutungen. Wie also bereits im
Orientzyklus überwiegt auch hier deutlich die Perspektive des erlebenden Ich. Dies ist
nicht unbedingt selbstverständlich, wenn man den Anfang des ersten Bandes betrachtet. Die Erzählung beginnt mit der wohlbekannten direkten Leseranrede des erzählenden Ich:

Lieber Leser, weißt du, was das Wort Greenhorn bedeutet? (Winnetou I, S. 15)

Diese Frage leitet die zweiseitige Abhandlung über die Dummheiten eines Greenhorns
ein, die mit der Feststellung endet, dass auch das Ich früher einmal solch ein Greenhorn war[31]. Dieser Erzähleingang suggeriert ein erzählendes Ich, das immer präsent ist
und alles kommentiert. Doch der Fortgang der Erzählung zeigt, dass das erzählende Ich
zwar immer wieder auftaucht, sich aber sehr im Hintergrund hält und sich nur selten zu
Wort meldet.
Nun noch etwas, das im Werk Karl Mays einzigartig ist. Ich habe es im Aufbau schon
erwähnt: die Winnetou-Trilogie wird durch ein Vorwort eingeleitet und durch ein
Nachwort abgeschlossen. Zunächst zum Vorwort: In *Narratio viva* wird das Vorwort
unter einleitender Vorausdeutung behandelt[32]. Es stellt sich beim Vorwort die Frage,

---

30   Winnetou III, S. 77-79
31   Winnetou I, S. 16
32   Tarot, Narratio viva, S. 82ff.

ob es Bestandteil der Fiktion ist oder ausserhalb des fiktionalen Textes steht. Diese Frage kann man nur klären, wenn sich entscheiden lässt, ob ein echtes oder das fingierte Aussagesubjekt das Vorwort verfasst hat. Bei *Winnetou* wird das Vorwort „Einleitung" genannt und ist mit „Der Verfasser" unterzeichnet. Um zu klären, ob unter diesem Verfasser Karl May (echtes Aussagesubjekt) oder das erzählende Ich (fingiertes Aussagesubjekt) zu verstehen ist, muss man den Inhalt der Einleitung zu Rate ziehen. Drei Seiten lang lässt es sich nicht zuordnen. Erst auf der letzten halben Seite der vierseitigen Einleitung zeigt sich deutlich die Identität des Verfassers mit dem erzählenden Ich. Der Verfasser erwähnt dort seine langjährige Bekanntschaft mit den Indianern und insbesondere mit Winnetou. Somit ist eindeutig, dass die Einleitung Teil der Fiktion ist, denn der Autor Karl May hat Winnetou und seine Apachen nicht gekannt sondern erfunden. Es ist also das erzählende Ich, das eine bewegende Klage über den Untergang der roten Rasse anstimmt. Ausserdem erklärt es dem fiktiven Leser die Absicht, die mit den Erzählungen um Winnetou verfolgt wird:

> [...] Winnetou, der große Häuptling der Apachen. Ihm will ich hier das wohlverdiente Denkmal setzen, und wenn der Leser, welcher es mit seinem geistigen Auge schaut, dann ein gerechtes Urteil fällt über das Volk, dessen treues Einzelbild der Häuptling war, so bin ich reich belohnt. (Winnetou I, S. 13)

Es wird also schon vor der eigentlichen Erzählung angedeutet, was Old Shatterhand später immer wieder erwähnt: er will der Lehrer seiner Leser sein. Es zeigt sich auch die Selbstsicherheit des Ich, das überzeugt ist, dass aufgrund seiner Darstellung ein „gerechtes Urteil" möglich ist, ja nicht nur möglich, sondern selbstverständlich.

Beim Nachwort im dritten Band stellt sich genau wie beim Vorwort die Frage, ob es zum fiktionalen Text gehört oder ausserhalb desselben steht. Nun ist das Nachwort mit „Karl May" und vollständiger Adressangabe unterzeichnet. Das bedeutet eigentlich, dass das Nachwort nicht zur Fiktion gehört. Es ist also der Autor Karl May, nicht das erzählende Ich, der dieses Nachwort schreibt und seine weiteren literarischen Absichten darin andeutet. Andererseits nennt Karl May seinen Ich-Erzähler in den Spätwerken ebenfalls Karl May und lässt ihn sogar in Radebeul wohnen[33]. Von daher gesehen kann das Nachwort ebenso gut eine Absichtserklärung des fiktiven Ich-Erzählers an den fiktiven Leser sein. Damit wären also sowohl das Vorwort wie auch das Nachwort Teil der Fiktion. In beiden Fällen „versucht May den Eindruck zu erwecken, er spräche als realer Autor zu einem realen Leser. In Wirklichkeit aber läßt er nur das Bild, das sich der Leser von ihm machen soll, zu Wort kommen"[34]. Inwieweit Karl May bewusst gehandelt hat, um der Geschichte Authentizität zu verleihen, und inwieweit er selbst an die Identität von Autor und Ich-Erzähler glaubte, lässt sich wohl nicht mehr mit absoluter Sicherheit feststellen. Wie ich bereits in der Einleitung erwähnte, war in der zweiten Hälfte des 19. Jahrhunderts die Erkenntnis noch lange nicht überall durchgedrungen, dass in einem Roman der Erzähler nicht der Autor ist.

Trotz Vor- und Nachwort und trotz der direkten Leseranrede, die die Geschichte eröffnet, ist das erzählende Ich wenig anzutreffen. Wie bereits im *Orientzyklus* überlässt es das Feld dem erlebenden Ich, das seine Aufgabe als Held und Reflektor der Geschichte erfüllt.

---

33   s. Winnetou IV, S. 3
34   Kittstein, Was nun thun ..., S. 75

3.3.5 Vermischung der Perspektiven

Im *Winnetou* finden sich ebenfalls jene Textstellen, die nicht immer klar dem erlebenden oder dem erzählenden Ich zuzuordnen sind. Oft sind es Beschreibungen. Eine der bekanntesten ist die folgende aus dem ersten Band, die beinahe wörtlich im zweiten Band wiederholt wird:

> Man denke sich folgendes Aeußere:
> Unter der wehmütig herabhängenden Krempe eines Filzhutes, dessen Alter, Farbe und Gestalt selbst dem schärfsten Denker einiges Kopfzerbrechen verursacht haben würden, blickte zwischen einem Walde von verworrenen, schwarzen Barthaaren eine Nase hervor, die von fast erschreckenden Dimensionen war und jeder beliebigen Sonnenuhr als Schattenwerfer hätte dienen können. Infolge dieses gewaltigen Bartwuchses waren außer dem so verschwenderisch ausgestatteten Riechorgane von den übrigen Gesichtsteilen nur die zwei kleinen, klugen Aeuglein zu bemerken, welche mit einer außerordentlichen Beweglichkeit begabt zu sein schienen und mit einem Ausdrucke von schalkhafter List auf mir ruhten. [...]
> Diese Oberpartie ruhte auf einem Körper, welcher bis auf die Knie herab unsichtbar bleibend in einem alten, bockledernen Jagdrocke stak, der augenscheinlich für eine bedeutend stärkere Person angefertigt worden war und dem kleinen Manne das Aussehen eines Kindes gab, welches sich zum Vergnügen einmal in den Schlafrock des Großvaters gesteckt hat. Aus dieser mehr als zulänglichen Umhüllung guckten zwei dürre, sichelkrumme Beine hervor, welche in ausgefransten Leggins steckten, die so hochbetagt waren, daß sie das Männchen schon vor zwei Jahrzehnten ausgewachsen haben mußte, und die dabei einen umfassenden Blick auf ein Paar Indianerstiefel gestatteten, in denen zur Not der Besitzer in voller Person hätte Platz finden können.
> In der Hand trug der berühmte ‚Westmann‘ eine Flinte, welche ich wohl nur mit der äußersten Vorsicht angefaßt hätte; sie war einem Knüppel viel ähnlicher als einem Gewehre. Ich konnte mir in diesem Augenblicke keine größere Karikatur eines Präriejägers denken, doch sollte keine lange Zeit vergehen, bis ich den Wert dieses originellen Männchens vollauf erkennen lernte.
> (Winnetou I, S. 33-34 und Winnetou II, S. 398-399)

Diese scheinbare Karikatur eines Westmanns ist natürlich Sam Hawkens, Old Shatterhands erster Lehrmeister im Wilden Westen. Es beginnt mit einer indirekten Leseranrede „Man denke sich" des erzählenden Ich. Doch kleine Anzeichen im Text weisen immer wieder auf den beobachtenden, wahrnehmenden Reflektor. So die „kleinen, klugen Äuglein, welche auf mir ruhten" oder die Wendung „in diesem Augenblick". Wenn diese nicht wären, wäre diese Textstelle ein eindeutiger Beleg für einen Erzählerkommentar auf der Handlungsebene.

Das zweite Beispiel, das ich zitieren möchte, liest sich zunächst wie Ausführungen des erzählenden Ich über das mögliche Schicksal des gefangenen Old Shatterhand, wenn der Schluss nicht wäre.

> Daß ich Pida damals gefangen genommen und trotz der zwischen uns herrschenden Feindschaft so schonend behandelt hatte, mußte für mich in die Wagschale fallen; ich war jetzt für die Kiowas wohl mehr der viel besprochene Old Shatterhand, als der Weiße, den ihr Häuptling gezwungen hatte, ihn in die Beine zu schießen. Das sah ich den Blicken an, welche sie auf mich warfen und die ich beinahe respektvoll nennen möchte. Das durfte mich aber ja nicht verführen, in Beziehung auf meine gegenwärtige Lage irgendwelche Hoffnung zu hegen. Sie mochten mich achten, so sehr sie

wollten, ich hatte keine Gnade zu erwarten. Ja, einen Andern hätten sie jedenfalls noch eher freigelassen als mich, dessen Gefangennahme und Tötung ihnen den Neid aller andern roten Nationen einbringen mußte. In ihren Augen war ich dem gewissen, unvermeidlichen Tod am Marterpfahl verfallen, und wie ein Weißer in höchster Spannung ins Theater geht, wenn das Werk eines großen Dichters oder Komponisten gegeben wird, grad so und noch begieriger waren sie schon jetzt darauf, zu sehen, wie Old Shatterhand sich bei den Qualen verhalten werde, denen er entgegen ging. Trotzdem ich mir dies sagte oder sagen mußte, hatte ich nicht die geringste Angst, ja auch nicht einmal Sorge um mich. (Winnetou III, S. 470)

Der letzte Satz weist die Textstelle den Gedanken und Erwägungen des erlebenden Ich zu. Es zeigt sich also wieder als Reflektor, in dessen Bewusstsein die momentane Situation und deren Folgen gespiegelt werden. Doch mitten in diesen Gedanken gibt es Tempuswechsel, die das erzählende Ich zu Vergleichen benutzt wie derjenige der Indianer mit Theaterbesuchern oder die Blicke, „die ich beinahe respektvoll nennen möchte". Es ist das erzählende Ich, welches sich überlegt, mit welchem Ausdruck die Blicke am besten beschrieben werden.

Das Ergebnis der Analyse zeigt einen Handlungsroman, in dem die Innerlichkeit der Figuren kaum thematisiert wird. Die Dialoge nehmen gut die Hälfte des Textes ein, was diesem einen stark mimetisch-fiktionalen Charakter verleiht. Die wenigen Inquitformeln und die damit einhergehende stumme Sprache wirken wie Regieanweisungen in einem Drama. Sie verlieren den Vergangenheitscharakter und werden zum epischen Präteritum. Der erste Eindruck eines starken, immer präsenten Erzählers wandelt sich rasch nach den ersten paar Seiten. Das erlebende Ich nimmt seinen Platz als wahrnehmender Reflektor ein, der über seine Wahrnehmungen meditiert. Auch *Winnetou I-III* ist also eine Übergangsform, in der zugleich mimetisch- und diegetisch-fiktionale Elemente zu finden sind.

3.4 Weihnacht!

3.4.1 Entstehung und Aufbau

Der Band *Weihnacht* ist eine in sich geschlossene Erzählung, eingeteilt in fünf Kapitel. Karl May hat diese Erzählung direkt für die Fehsenfeld-Reihe geschrieben, wo sie Weihnachten 1897 erschien. Das erste Kapitel ist mit „Einleitung" überschrieben und behandelt auf knapp hundert Seiten die Winterwanderung des jugendlichen Ich mit seinem Gefährten. Ab dem zweiten Kapitel spielt sich die Handlung im Wilden Westen ab, wo das Ich inzwischen der berühmte Old Shatterhand geworden ist. Das Buch beginnt mit einem Erzählerkommentar auf der Erzählerebene über das Thema Weihnacht, der dann nahtlos übergeht in die Erzählung von der Entstehung des leitmotivischen Weihnachtsgedichtes. Dieses Weihnachtsgedicht hat das jugendliche Ich in der Schulzeit geschrieben. Es wird immer wieder zitiert, wenn auch nur in Auszügen, und löst verschiedenste Handlungen aus. Meist ist es ein Trost für Schwergeprüfte bei einer improvisierten Weihnachtsfeier, wie im Gasthof in Falkenau[35] oder am Schluss des Buches in den Bergen[36]. Aber es wird auch von einem betrügerischen Traktatenhändler als Geldquelle missbraucht[37]. Es ist das erste und einzige Mal, dass Karl May in einer Reiseerzählung ein Gedicht als roten Faden gebraucht. Diese Idee wiederholt er nur noch einmal im zum Spätwerk gehörenden Band *Und Friede auf Erden*.

3.4.2 Dialog

In dieser Erzählung machen die Dialoge 56% des Textes aus. Ihre Hauptaufgabe ist es, die Handlung voranzutreiben. Sie tun das, indem durch sie Streit entsteht oder Dinge geklärt werden. Es gibt auch humorvolle Gespräche, die für den Fortgang der Handlung keine Bedeutung haben, wie die Begrüssung der Schüler Sappho und Carpio in Falkenau.

> Als der Blick der freundlichen Augen kurz auf uns geruht hatte, kam der Mann vollends hinter dem Tische hervor, streckte uns die Hand zum Gruße entgegen und sagte:
> „Ja, man sieht es der ganzen vornehmen Haltung an, daß Sie Studenten, wirkliche, echte Studenten sind. Seien Sie uns willkommen; setzen Sie sich hier bei uns an diesem Tische nieder, und sagen Sie, wozu Sie Appetit haben!"
> Ich schüttelte ihm die Hand und antwortete unverzüglich mit dem ernstesten Gesichte der Welt:
> „Ich bitte, nicht verkehrt zu fragen – – und will die Wahrheit Ihnen sagen: – – Wir haben, wie ein jeder sieht – – nicht Appe- sondern Trinketit!"
> Der liebe Franzl fuhr zwei Schritte zurück, riß die Augen weit auf und fragte ganz erstaunt:
> „Wie – – wa – – was? Appe – – Trinke – – tit – – tit – –? Sie meinen, daß Sie nicht essen sondern trinken wollen? Gut! Was darf ich bringen?"
> „Es läuft aus diesem großen Faß – – hervor ein delikates Naß, – – das in der Stadt und auf dem Land – – als Buttermilch ist weltbekannt; – – wir wollen weder Bier noch Wein; – – schenk uns davon zwei Gläser ein!"
> „Faß – – – Naß – – – Land – – – kannt – – – Wein – – – ein – – –? Hören Sie, sagen Sie: Sie sind wohl gar ein Dichter, ein wirklicher, unzweifelhafter, ausgebildeter Dichter?!"
> „Ich bin ein Dichter, aber nicht – – für jeden mach ich ein Gedicht, – – doch unsers guten Franzls wegen – – kann man sich schon aufs Dichten legen, – – denn er ist ein ganz kluger Mann, – – der diese Kunst begreifen kann; – – drum gebt das Glas mit Milch jetzt her; – – auf Franzls Wohl trink ich es leer!"
> Zu meiner Freude fiel Carpio auch schnell ein:
> „Auch ich trink bis zum Boden aus, – – zum Gruß dem Wirt und seinem Haus, – – und thu ich das um seinetwillen, – – so mag er es auch wieder füllen!"
> Wir tranken aus und gaben ihm die Gläser zurück. (Weihnacht, S. 36-37)

Ich habe diesen Dialog deshalb zitiert, weil er die dichterische Fähigkeit des jungen Old Shatterhand parodiert. Ausserdem zeigt sich, dass Carpio genau so gute Knittelverse aus dem Stegreif machen kann wie das erlebende Ich, obwohl er ihm sonst in allem unterlegen ist. Ausserdem zeigt die Einleitung in den Dialog den Übergang vom

---

35   Weihnacht, S. 49ff.
36   ebd., S. 516ff.
37   ebd., S. 127

Plusquamperfekt „auf uns geruht hatte" über das Präteritum „streckte uns die Hand [...] entgegen" zum epischen Präteritum der Inquitformel „und sagte".

Ein anderer lustiger Dialog ist derjenige von Watter mit dem vermeintlichen Mr. Meier[38]. Watter ist dumm und geschwätzig, Old Shatterhand fühlt sich gelangweilt und antwortet im wahrsten Sinn des Wortes einsilbig, nämlich mit „yes" oder „no". Doch dann verrät der unvorsichtige Watter seinen Goldfund, Old Shatterhand versucht ihn zu warnen und wird immer ausführlicher, um seine Warnungen zu begründen, während Watter immer einsilbiger wird, jedoch ohne ihm zu glauben. Watter fühlt sich durch die Warnungen des scheinbar unbedeutenden Mr. Meier verletzt und beginnt Streit. Doch Old Shatterhand macht ihn lächerlich, und Watter verschwindet aus der Geschichte.

Old Shatterhand zeigt sich auch hier wieder als ein Meister der Rede. Er belehrt den unerfahrenen Rost, er verwandelt den Häuptling der Krähenindianer in einen Freund. Nur bei dem starrköpfigen Hiller versagt er. Hiller wird erst durch Naturgewalten bekehrt.

3.4.3 Innerlichkeit

Auch in diesem Buch sind die Mittel zur Darstellung der Innerlichkeit vorwiegend die stumme Sprache für die andern Figuren und der Innerlichkeitsbericht für das erlebende Ich. Ihre Häufigkeit im Text entspricht derjenigen in *Orientzyklus* und *Winnetou*. Das erlebende Ich schliesst aus seinen Beobachtungen auf die Haltung und Absicht des Gegenübers. Seine Vermutungen treffen in der Regel ins Schwarze, wie jeweils die darauf folgende Handlung zeigt.

> Wir waren vorläufig die einzigen Gäste. Er sah gelangweilt vor sich hin und blinzelte zuweilen sehnsüchtig zu mir herüber. Wahrscheinlich sehnte er sich nach Unterhaltung und taxierte mich nun heimlich darauf ab, ob ich die Person sei, bei welcher er das Gewünschte finden könne. (Weihnacht, S. 151)

Das erlebende Ich beobachtet das sehnsüchtige Blinzeln des andern Gastes. Das Wort „wahrscheinlich" leitet die Reflexion des erlebenden Ich ein über den vermutlichen Inhalt der Gedanken des Gegenübers. Dass das Ich mit seiner Vermutung recht hatte, beweist das nachfolgende Gespräch, das der andere nach dem oben Zitierten beginnt und weiterführt trotz der einsilbigen Antworten von Old Shatterhand.

Im nächsten Beispiel stellt das Ich wiederum Vermutungen über die Gedanken eines andern an, doch dieser andere ist ebenfalls nur eine Vermutung.

> Meine Stube hing durch eine Thür mit der nebenan liegenden zusammen [...] schloß die Thür auf. Man hatte jenseits einen Schrank vorgesetzt, welcher so breit und so hoch war, daß er nicht nur die Thür sondern auch ihre Einfassungen vollständig verdeckte. Wer als Fremder jenseits wohnte, konnte also leicht der Meinung sein, daß der Schrank an der Mauer stehe und eine Thür gar nicht vorhanden sei.
> (Weihnacht, S. 171)

Auf die Beobachtung des erlebenden Ich in den ersten beiden Sätzen folgt ein Kommentar des erzählenden Ich. Ein allfällig jenseits der Tür wohnender Fremder könnte

---

38 ebd., S. 151ff.

allenfalls einen irrigen Gedanken hegen. Man kann sich fragen, was diese Bemerkung des erzählenden Ich eigentlich soll. Warum sollte sich der Leser für einen hypothetischen Gast im Nebenzimmer mit seinen noch hypothetischeren Gedanken interessieren? Doch der erfahrene Leser weiss, dass das erzählende Ich bei Karl May nie etwas erwähnt, das sich nicht noch als wichtig erweisen würde. Denn später kann Old Shatterhand die Pläne einer Verbrecherbande belauschen, gerade weil diese keine Ahnung davon hat, dass hinter dem Schrank nur eine Tür, nicht aber die Mauer ist. Das erzählende Ich bereitet also mit seiner Vermutung über die Gedanken eines eventuell Anwesenden den Leser darauf vor, dass diese verdeckte Tür noch eine wichtige Rolle spielen wird.

> Der Häuptling wußte, daß Carpio und Rost unerfahrene Leute seien, und nahm also als gewiß an, daß sie die Sprache seines Stammes nicht verständen. Von mir wußte er zwar das Gegenteil, aber er glaubte, ich sei noch betäubt und höre also nicht, was gesprochen werde; darum hielt er es nicht für nötig, seine Stimme zu dämpfen, und so nahmen die andern an, ebenso laut sprechen zu dürfen. (Weihnacht, S. 348)

Diese Bemerkung steht am Schluss einer längeren Nacherzählung der Handlungen der Feinde, die zur Gefangennahme von Old Shatterhand und seinen Begleitern führte. Das erzählende Ich berichtet, was es als erlebendes Ich aus dem Gespräch der erfolgreichen Indianer vernommen hat. Das erzählende Ich versetzt sich mit den Wendungen „aber er glaubte" und „darum hielt er es nicht für nötig" in die Position des allwissenden Er-Erzählers. Dass der Häuptling seine Stimme nicht dämpft, weil er annimmt, Old Shatterhand sei noch betäubt, kann das Ich nur vermuten. Vielleicht dämpft er sie nicht, weil er will, dass Old Shatterhand hört, wie klug und geschickt der Häuptling der Blutindianer ist. Aber da das Ich in der Regel recht hat mit seinen Vermutungen über die Motive und Gedanken der andern Figuren, ist der Leser auch hier geneigt, die Aussage des erzählenden Ich als Tatsache zu akzeptieren.

Ähnliche Belegstellen wie im ersten Beispiel findet sich bei der Ankündigung und der Durchführung des Zweikampfes zwischen Peteh und Old Shatterhand.

> Eine Waffe gab es nicht. Es galt, den Gegner bloß mit den Händen zu besiegen. Das hatte Peteh sich ausgedacht, weil er überzeugt war, bei seiner großen Körperstärke sei es ihm leicht, mich durch einen Griff um den Hals zu erwürgen oder durch das Festpressen an den Baumstamm zu ersticken. Wir hatten ja die Hände frei; wenn er seine Arme um den Baum und um mich schlang, konnte er seine ganze Kraft entwickeln. In dem Augenblick, in welchem ich dies durchschaute, wußte ich, daß er mir nichts anhaben würde. Er hatte meinen Jagdhieb nicht mit in Berechnung gezogen. (Weihnacht, S. 416)

Zuerst wirkt das Beispiel wie ein Innerlichkeitsbericht eines allwissenden Erzählers. Doch durch den zweitletzten Satz „In dem Augenblick, in welchem ich dies durchschaute" wird das Zitat als Reflexion des erlebenden Ich erkennbar. Es ist also Old Shatterhand als Reflektorfigur, der sich überlegt, wieso Peteh solche und nicht andere Kampfbedingungen stellt, zu einer einleuchtenden Erklärung kommt und sich auf die mögliche Abwehrreaktion einstellt. Die nachfolgende Austragung des Kampfes zeigt, dass das erlebende Ich sich nicht getäuscht hat.

Eine interessante Variante von Innerlichkeitsbericht ist folgender:

Ich fühlte mich durch diese Frechheit in jenen innern Zustand versetzt, welchen Winnetou mit den Worten zu bezeichnen pflegte:

„Mein Bruder wird gleich losschießen; er hat die Patronen schon im Munde und auch in den Fäusten." (Weihnacht, S. 128)

Hier zieht das erzählende Ich zur Beschreibung der Innerlichkeit des erlebenden Ich einen Vergleich heran, der vom Freund des erlebenden Ich gemacht wurde. Dies habe ich sonst nirgends gefunden. In der Regel ist es das erzählende Ich, das Vergleiche gebraucht.

Noch ein letztes Beispiel:

Hierauf sprach ich einige ernste Worte; mehr konnte ich nicht, denn die Thränen raubten mir die Stimme […]. (Weihnacht, S. 510)

Es ist selten, dass das erlebende Ich weint und bei so einem übermenschlichen Helden wie Old Shatterhand ein wenig überraschend. Noch verblüffender ist, dass dem Meister der Rede die Worte fehlen.

Auffallend ist in diesem Text, dass die Innerlichkeit der andern Figuren immer wieder in der Wahrnehmung und den Gedanken der Reflektorfigur gespiegelt werden. Das erlebende Ich stellt Vermutungen an über die Absichten der andern, die durch die nachfolgende Handlung bestätigt werden. Die Allwissenheit des erzählenden Ich scheint sich auf das erlebende zu übertragen, denn seine Vermutungen kann das erlebende Ich nicht immer auf der stummen Sprache des Gegenübers aufbauen, wie das vierte Beispiel zeigt. Es zeigt sich dann als ausgezeichneter Menschenkenner, der sich ohne Mühe in die Lage anderer versetzen kann.

3.4.4 Der Ich-Erzähler

Ich habe bereits in der Einleitung betont, dass der Erzähler nicht identisch ist mit dem Autor. Karl May macht es dem Leser in diesem Buch besonders schwer, beide voneinander zu trennen, da das Ich nicht mehr nur Karl heisst, sondern nun ausdrücklich Karl May genannt wird. Es wird das erste Mal erwähnt, als der Schüler zum Direktor der Schule gerufen wird, weil sein Gedicht ein Preisausschreiben gewonnen hat[39]. Später legt sich Old Shatterhand den Namen Meier zu, da er ähnlich wie sein eigener klingt[40]. Trotzdem ist natürlich der Autor Karl May, der in Dresden lebte und sich Reiseerzählungen ausdachte, nicht identisch mit dem Ich-Erzähler Karl May, der als Old Shatterhand und Kara Ben Nemsi in der Welt umherreist und ab und zu nach Hause geht, um seine Erlebnisse niederzuschreiben.

Auch in dieser Erzählung überwiegt die Handlungsebene. Doch zu Beginn des ersten Kapitels ist eindeutig das erzählende Ich im Vordergrund, das humorvoll und manchmal ironisch seine Schultage beschreibt. Das folgende Zitat beschreibt die Nachwirkungen, die die Veröffentlichung des Gedichts nach sich trugen.

Dann erschien mein Weihnachtsgedicht; jeder Mitschüler wollte es haben […] und als nachher das allmonatliche Freideklamieren stattfand, so genannt, weil jeder sein Gedicht sich selbst wählen konnte, leiteten alle meine dreiundzwanzig Klassenge-

---

39   ebd., S. 14
40   ebd., S. 134

fährten ihre rhetorischen Produktionen folgendermaßen ein: „Weihnacht, Gedicht von Karl May". […] Es wurde Mode, mein Gedicht im Notizbuch überall mit herumzutragen, um es bei jeder unpassenden Gelegenheit hervorzunehmen, und ich hatte das zweifelhafte Glück, noch monatelang mit Fragen bestürmt zu werden, warum ich grad diese und nicht jene Wendung gebraucht oder grad diesen und keinen anderen Reim gewählt habe. Es wurden Verse über Verse geschmiedet, bis die ganze Lehrerschaft sich endlich über die „Katheten und Moneten", „Verbalien und Australien", „Romulus und Fidibus", „Multiplikant und Elefant" so erbost fühlte, daß unter dem Vorsitze des bereits genannten „Alten" beschlossen wurde, gegen diesen Unfug ohne Nachsicht vorzugehen. Die nun folgenden Verweise und anderen Strafen erreichten zwar ihren Zweck, hatten aber leider für mich die Folge, daß ich, der vorher so Vielumworbene, nun wie eine Selters- unter lauter Champagnerflaschen gemieden wurde, was den ebenso wohlbegründeten wie unerschütterlichen Vorsatz in mir wachrief, meine etwaigen Gedichte auf alle Fälle erst nach meinem Tode erscheinen zu lassen. (Weihnacht, S. 22-23)

Der Ich-Erzähler behält diesen humorvollen Ton mehr oder weniger im ganzen ersten Kapitel bei. Der Erfolg seines ersten Gedichts ist somit nicht ganz ernst zu nehmen. Er erwähnt es nur, weil das Gedicht später eine für den Schüler ungeahnte Wirkung haben und für die Geschichte zum roten Faden wird.
Es gibt eine einzige direkte Leseranrede in diesem Buch:

Lieber Leser, hast du schon einmal einen Kolbenhieb auf den Kopf bekommen, aber einen so recht aus dem tiefsten Herzensgrunde? Nicht? Wohl dir! Oder doch? Dann wehe dir! (Weihnacht, S. 341)

Da diese direkte Leseranrede am Anfang eines Kapitels steht, erinnert sie mich an die erste Zeile im *Winnetou*. Nur folgt der oben zitierten keine Abhandlung über den Kolbenhieb, im Gegensatz zur Abhandlung über die Dummheiten eines Greenhorns in *Winnetou*. Es ist das einzige Beispiel einer direkten Leseranrede, nebst den vereinzelten Wendungen wie „man kann sich denken". Indirekte finden sich hie und da, ebenso Tempuswechsel und Erzählerkommentare auf der Erzählerebene. Die Häufigkeit aller drei Kategorien entspricht derjenigen in *Orientzyklus* und *Winnetou*.
Es gibt einen ausführlichen Erzählerkommentar in dem Buch: Denjenigen über die Gastfreundschaft[41], der sich über drei Seiten hinzieht. Er hat mit der Handlung eigentlich nichts zu tun. Trotz seiner Präsenz im ersten Kapitel ist das erzählende Ich im Rest des Buches nicht oft anzutreffen. Die Handlungsebene mit dem erlebenden Ich überwiegt auch hier bei weitem.

3.4.5 Vermischung der Perspektiven

Ich komme nun wieder zu diesen Textstellen, in denen nicht genau zu klären ist, ob es Gedanken des erlebenden oder Ansichten des erzählenden Ich sind, wie bei der folgenden Stelle, als der Prayer-man Old Shatterhand seine Traktate zu verkaufen versucht.

Mit einer Geste, als ob er mich segnen wolle, wendete er sich von mir ab und seinem Tische wieder zu, wo er sich niedersetzte, um zu sehen, ob ich lesen und auch kaufen

---

41 ebd., S. 148-150

werde. *Also das war die Probe, ob sein Eintritt ein vom Herrn gesegneter sei.*
Der Amerikaner hält sehr viel auf Religiosität. (Weihnacht, S. 125)

Ich habe den zur Debatte stehenden Satz kursiv gedruckt. Vorher spielt sich alles auf der Handlungsebene ab, doch der nachfolgende Satz ist der Beginn eines Erzählerkommentars auf der Erzählerebene über den Traktatenhandel in Amerika. Der Satz „Also das war die Probe, ob sein Eintritt ein vom Herrn gesegneter sei" steht genau dazwischen. Da er in der Vergangenheitsform steht, gehört er auf die Handlungsebene. Es könnte ein uneingeleiteter Gedanke des erlebenden Ich sein, eine Art Aha-Erlebnis. Oder aber ein Kommentar des erzählenden Ich mit einer angedeuteten Leseranrede durch die Worte „Also das".

Auch in der nächsten Textstelle ist das Demarkationsproblem sichtbar, nicht weil die Zuordnung unmöglich wäre, sondern weil die Perspektive mitten im Satz wechselt.

> Man kann sich denken, daß ich vor Erstaunen stehen blieb. War es denn möglich, daß ich mein Gedicht, wirklich mein Gedicht da hörte? Oder war es ein anderes mit zufällig denselben Anfangsversen? Ich horchte weiter; ja, es war das meinige, Wort für Wort das meinige, welches er mit näselnder Stimme bis zu Ende deklamierte. (Weihnacht, S. 128)

Der erste Teilsatz gehört eindeutig auf die Erzählerebene. „Man kann sich denken" ist eine typische direkte Leseranrede. „dass ich vor Erstaunen stehen blieb" ist ein Innerlichkeitsbericht und/oder ein Beispiel für stumme Sprache. Das erlebende Ich ist erstaunt, was sich äusserlich durch das abrupte Stehenbleiben zeigt. Von den Worten „War es denn möglich" bis zu „Anfangsversen" sind es uneingeleitete Gedanken des erlebenden Ich, denn man könnte, ohne den Sinn zu verändern, ein „dachte ich" anfügen. Mit „Ich horchte weiter" wird der Gang der Handlung weitererzählt. „ja, es war das meinige" könnte wiederum ein uneingeleiteter Gedankenbericht des erlebenden Ich sein, oder aber eine Bestätigung des Erzählers für den Leser, den er ja schon zu Beginn des Zitats anspricht. Zur zweiten Möglichkeit würde dann der letzte Teilsatz des Zitats passen, der eine Raffung des Erzählers ist.

Das Ergebnis der Analyse zeigt also auch in dieser Reiseerzählung nichts anderes als in den vorher besprochenen. Das erlebende Ich als Held und Reflektorfigur beansprucht den Grossteil des Textes für sich, was auch hier vor allem den Dialogen zu verdanken ist. Ihre Häufigkeit gibt auch diesem Text den wohlbekannten mimetisch-fiktionalen Charakter, den gelegentliche Wortmeldungen des erzählenden Ich kaum stören. Auch dieses ist ein Handlungsroman, in dem die Innerlichkeit der Figuren eine geringe Rolle spielt.

3.5 Im Reiche des silbernen Löwen I-IV

3.5.1 Entstehung und Aufbau

Ich werde die Erzählung *Im Reiche des silbernen Löwen* als Einheit behandeln, da die formale Analyse nicht so grosse Abweichungen der Bände III und IV von den ersten beiden zeigt, wie eine inhaltliche. Die ersten beiden Bände sind zusammengesetzt aus bereits erschienenen Erzählungen aus den Jahren 1897-1899. Der dritte Band ist 1902, der vierte 1903 entstanden. Dazwischen schrieb Karl May die beiden einbändigen Werke *Am Jenseits* und *Und Friede auf Erden*, auf die ich in den nächsten beiden Kapiteln eingehen werde. Die vier Bände des *Silberlöwen* sind je nach Band in vier bis sechs Kapitel eingeteilt.

Die Handlung beginnt im Wilden Westen (Bd. I, Kap. 1-2). Old Shatterhand reitet nach dem Tod Winnetous zu den Apatschen, um ihnen als Augenzeuge zu berichten. Dabei trifft er auf die beiden Snuffles. In deren Gesellschaft befreit er den Perser Dschafar, der in ihm Kara Ben Nemsi erkennt, von dem ihm Halef so viel erzählt hat. Durch die Fehler seiner Begleiter ist Old Shatterhand gezwungen, den Perser und die andern mehrmals am gleichen Ort aus den Händen To-kei-chuns und seiner Komantschen zu befreien.

Im dritten Kapitel besucht Kara Ben Nemsi Halef, um ihn zu überreden, mit ihm nach Persien zu reisen. Halef ist gerne bereit, muss jedoch zuerst noch einen Ritt zu einem befreundeten Stamm machen. Dabei nehmen die beiden den Knaben Kara Ben Halef mit, obwohl sie durch feindliches Gebiet reiten müssen. Sie geraten mit den Feinden zusammen und müssen mit Löwen um ihr Leben kämpfen.

Im vierten Kapitel brechen Halef und Kara Ben Nemsi nun endlich nach Persien auf. Auf dem Weg nach Bagdad haben sie ihre erste unfreundliche Begegnung mit Persern, die zum Geheimbund der Sillan gehören. In Bagdad (Kap. 5) erfahren sie vom alten Bimbaschi, einem alten Bekannten aus dem *Orientzyklus*, seine Lebensgeschichte, die auch mit den Sillan, die als Schmuggler tätig sind, zusammenhängt. Er war ihnen auf der Spur, aber sie haben ihn unter Druck gesetzt.

Am nächsten Morgen (Bd. 2, Kap. 1) brechen Kara Ben Nemsi und Halef auf zum Turm von Hilleh. Sie geraten wieder mit den Sillan zusammen, können sie aber schliesslich besiegen und den Bimbaschi von seiner Last befreien (Kap. 5).

Im sechsten Kapitel erfährt Halef in Bagdad von einer Schönheitssalbe, die er für Hanneh besorgen will. Die beiden reiten in die Berge, geraten in die Auseinandersetzung zweier Kurdenstämme und befreien Marah Durimeh, die aus unbekannten Gründen in einem Turm festgehalten wird.

In Band III beginnt in Basra endlich der Ritt nach Persien. Doch Kara Ben Nemsi und Halef erkranken an Typhus. Sie werden von den Dschamikun und deren Ustad aufgenommen und gepflegt. Kara Ben Nemsi erholt sich rascher als Halef, bleibt aber geschwächt bis zum Ende des vierten Bandes. Anstelle von Halef handelt nun der inzwischen zum Jüngling gereifte Kara Ben Halef. Er handelt selbständig und so überlegt wie Kara Ben Nemsi, was die Binnenerzählung von seiner Rettung des befreundeten Scheiks und dessen Frau vor den Soldaten zeigt. Halef bleibt bis zum Schluss des vierten Bandes rekonvaleszent. Die Handlung beschränkt sich nun auf das Tal der Dschamikun und seine Umgebung. Die Sillan und ihr Aemir kommen in das Tal. Sie sind nicht mehr Schmuggler, sondern wollen die Dschamikun vernichten und den Schah von Persien stürzen. Doch der Ustad ist mit dem Schah befreundet und erhält von ihm und von Marah Durimeh jede Hilfe und besiegt mit Hilfe von Naturgewalten alle Feinde. Viel wichtiger als die äussere Handlung sind die religiösen, philosophischen, psychologischen Gespräche und Auseinandersetzungen zwischen Kara Ben Nemsi und den andern. Mit dem Sieg des Guten endet das vierbändige Werk, ohne dass Kara Ben Nemsi und Halef Persien wirklich erreicht haben.

3.5.2 Dialog

In allen vier Bänden ist der Dialog das weitaus häufigste Erzählungsmittel. Es sind immer um die 60% des ganzen Textes, je nach Band etwas mehr oder etwas weniger. Doch in der Funktion der Dialoge und vor allem im Inhalt unterscheiden sich die ersten beiden Bände deutlich von den letzten beiden. Ich werde das an zwei Beispielen illustrieren.

Zuerst vergleiche ich zwei Gespräche, die von Hadschi Halef Omar und Kara Ben Nemsi geführt werden. Das erste ist ein komischer Streit darüber, wem die Ermahnung Hannehs zur Vorsichtigkeit, die sie Kara Ben Nemsi gegenüber geäussert hatte, gelten solle.

„Aber gemeint hat sie dich doch, und du bist klug genug, dies einzusehen, ohne daß ich es dir zu sagen brauche."

„So will ich dir in aller Demut gestehen, daß ich diese Klugheit leider nicht besitze."

„Wirklich nicht? So muß ich wieder einmal sehr tief beklagen, daß ich nur die Länge deines Verstandes anerkennen kann; aber in die Breite, in die so notwendige Breite, welche doch die Hauptsache ist, geht er leider nicht. Ich glaube, du meinst gar vielleicht, daß sich der Wunsch meiner Hanneh […] nur ganz allein auf mich bezogen hat!"[…]

„Das ist richtig. Mich hat sie gewarnt, aber nicht vor mir, sondern vor dir."

„ Sihdi, das ist ja eben die große, die fast unverzeihliche Verwechslung der Personen, die du dir zu schulden kommen lässest! Mich hat sie genannt, aber dich gemeint. Das ist die hohe, die unvergleichliche Zartheit, mit welcher sie dich in mich und mich in dich verändert und dadurch die Personen umgedreht und der Unbedachtsamkeit, welche sie meinte, eine rücksichtsvolle Vertauschung der bestehenden Verhältnisse gegeben hat. Sie ist wegen deines großen Wagemutes in banger Sorge gewesen; sie hat dich bitten wollen, vorsichtiger zu sein, als du gewöhnlich bist; weil sie aber geglaubt hat, dich mit dieser Bitte zu betrüben, hat sie dich hinübergeschoben und dafür mich herübergeholt. Darum sprach sie mit dir allein und nicht in meiner Gegenwart, weil diese Betrübnis, die keinen treffen sollte, sonst auf mich gefallen wäre."

„Glaubst du wirklich, was du sagst, Halef?"

„Ich glaube daran, wie ich an meine Hanneh glaube, deren Zartgefühl über die Feingefühle überhaupt aller irdischen Gefühlsarten steigt."

„Auch ich erkenne ihr Zartgefühl an. Sie hat es dadurch bewiesen, daß sie die Bitte, welche dich geärgert hätte, nicht an dich, sondern an mich richtete."

„Was höre ich! O Mangelhaftigkeit des Verstandes! O Fehlerhaftigkeit der Einsicht! O Unbegreiflichkeit des Nichtbegriffenwerdens! Effendi, wie schmerzlich ist mir das! Du bist sonst ein so außerordentlich kluger Mann, aber ich habe dir schon einmal sagen müssen, daß es in deinem Kopfe eine Stelle gibt, welche ausgebessert werden muß. Wie kannst du die Zartheit meiner Hanneh auf mich und nicht auf dich beziehen!"

„Weil sie nicht meine, sondern deine Frau ist. Sie hat also zart nur gegen dich, nicht aber gegen einen andern Mann zu sein. Verstanden?"

„Allah! Dagegen kann ich freilich kein Wort sagen, denn es ist wahr, daß ihr feiner Ton, ihr Anstand, ihre gute Lebensart und ihre lieblichen Umgangsformen nur mir gehören. Wollte sie gegen andere ebenso lieblich sein wie gegen mich, so würde ich mir das sehr verbitten! Der rechtmäßige Besitzer aller ihrer Vorzüge und erquickenden Eigenschaften bin nur ich allein!"

„Gut, so sind wir uns also einig. Ihre Zartheit galt nicht mir, sondern dir, also war nicht von meiner, sondern von deiner Unbedachtsamkeit die Rede."

„Ich schweige; aber ehe ich mich in dieses Schweigen ganz und vollständig einhülle, muß ich dir sagen, daß es mir vorkommt, als ob die betreffende Stelle deines Verstandes ganz plötzlich ausgebessert worden sei, lieber Effendi. Du hast mich mit der Zartheit meiner Hanneh so vollständig besiegt und überwältigt, daß ich jetzt selbst an meine Unbedachtsamkeit glauben würde, wenn ich nicht überzeugt wäre, daß Hanneh sich da im größten Irrtum […] befindet." (Silberlöwe II, S. 412-416)

Dieser Dialog ist ein typisches Wortgeplänkel zwischen Kara Ben Nemsi und Hadschi Halef Omar. Es hat mit der Handlung eigentlich nichts zu tun. Hadschi Halef Omar findet, dass es im Kopf seines Sihdi eine Stelle gibt, welche ausgebessert werden muss. Durch das Eingehen auf diese Idee bringt Kara Ben Nemsi Hadschi Halef Omar so weit, dass dieser sich selbst in seiner Argumentation verheddert und schliesslich zugeben muss, dass die besagte Stelle im Kopf seines Sihdi nun plötzlich geflickt ist. Darauf folgt jeweils ein kurzes Schmollen Halefs, das durch einen neuen Dialog oder die wieder eintretende Handlung unterbrochen wird.

Diese Art von Dialog findet sich im dritten und vierten Band des Silberlöwen nicht mehr. Die Gespräche sind dort viel gehaltvoller und haben jeglichen Humor eingebüsst, wie das folgende Zitat zeigt.

„Sihdi, wie denkst du über das Sterben?" […]

„Du kennst ja meine Ansicht über den Tod," antwortete ich nun. „Er ist für mich nicht vorhanden."

„Für mich auch nicht. Das weißt du wohl. Aber ich habe dich nicht nach dem Tode, sondern nach dem Sterben gefragt. Dieses ist da, kein Mensch kann es wegleugnen!"

„So sage mir zunächst, wie du zu dieser Frage kommst! Mein lieber, heiterer, stets lebensfroher Hadschi Halef spricht vom Sterben! Hast du etwa einen besonderen Grund zu dieser deiner Frage?"

„Nein. Von meiner Seele, meinem Geiste, meinem Verstande wurde sie nicht ausgesprochen, sondern sie ist mir aus den Gliedern in den Mund gestiegen."

Das klang wohl sonderbar; aber ich kannte meinen Halef. Er pflegte mit dergleichen, für den ersten Augenblick auffälligen Ausdrücken immer den Nagel auf den Kopf zu treffen. Darum wiederholte ich seine Worte: „Aus den Gliedern? Fühlst du dich vielleicht nicht wohl?"

„Es fehlt mir nichts, Sihdi. Ich bin so gesund und stark wie immer. Aber es ist etwas in mich hineingekrochen, was nicht hinein gehört. Es ist etwas Fremdes, etwas Ueberflüssiges, was ich nicht in mir dulden darf. Es steckt in meinen Gliedern, in den Armen, in den Beinen, in jeder Gegend meines Körpers. Ich weiß nicht, wie es heißt und was es will. Und dieses unbekannte, lästige Ding ist es, welches dich über das Sterben gefragt hat."

„So wird es wohl wieder verschwinden, wenn wir es gar nicht beachten, ihm gar keine Antwort geben."

„Meinst du? Gut; wollen das versuchen!"[…]

„Sihdi, ich habe es versucht, doch vergeblich. Die Frage kommt immer wieder. Wie denkst du über das Sterben? Antworte mir; ich bitte dich!"

„Lieber Halef, meinst du nicht, daß es besser wäre, von etwas anderem zu sprechen?"

„Besser oder nicht besser; ich kann jetzt an nichts anderes denken. Es ist, wie ich schon sagte, nicht der Tod, den ich meine. Den habe auch ich früher für etwas Wahres gehalten, jetzt aber weiß ich, daß er nichts als Täuschung ist. Wenn wir von ihm sprechen, so meinen wir eben das Sterben, welches doch kein Tod ist. Hast du schon darüber nachgedacht?"

„Natürlich! Jeder ernste Mensch wird das thun. Warum fragst du denn nicht dich selbst? Du hast doch ebenso wie ich schon Menschen sterben sehen?"

„Nein, noch keinen!"

„Wieso? Ich habe doch mit dir vor Sterbenden gestanden!"

„Allerdings. Aber sterben sehen habe ich trotzdem noch keinen Einzigen. Man legt sich hin; man schließt die Augen; man röchelt; man hört auf zu atmen; dann ist man gestorben. Aber was ist dabei geschehen? Hat etwas aufgehört? Hat etwas angefangen? Hat sich etwas fortgesetzt, nur in anderer als der bisherigen Weise? Kannst du mir das sagen?"

„Nein, das kann ich nicht. Das kann überhaupt kein Lebender. Und wenn die Gestorbenen wiederkommen und zu uns sprechen könnten, wer weiß, ob sie es vermöchten, deine Frage zu beantworten. Sie würden vielleicht auch nichts weiter sagen können, als daß im Sterben die Seele von dem Leib geschieden wird."

„Von ihm geschieden! Wo kam sie her? Wurde sie ihm gegeben? Ist sie in ihm entstanden? Was hat sie in ihm gewollt? Geht sie gern von ihm? Oder thut ihr das Scheiden von ihm weh?"

„Lieber Halef, ich bitte dich, von diesem Gegenstande abzubrechen! Was Gott allein wissen darf, das soll der Mensch nicht wissen wollen!"

„Woher weißt du, daß nur Allah es wissen darf? Das Sterben ist ein Scheiden. Ich darf ja wissen, wohin mich dieses Scheiden führen soll, nämlich in Allahs Himmel. Warum soll es mir verboten sein, zu erfahren, in welcher Weise dieser Abschied vor sich geht? Höre, Sihdi, während du in der vergangenen Nacht schliefest, habe ich darüber nachgedacht. Soll ich dir sagen, was mir da in den Sinn gekommen ist?"

„Ja. Sprich!"

„Ich bin der Scheik der Haddedihn, ein in der Dschesireh sehr reich gewordener Mann. Worin besteht mein Reichtum? In meinen Herden. Da sendet mir der Sultan einen Boten, durch welchen er mir sagen läßt, daß ich nach drei oder fünf Jahren in die Gegend von Edreneh ziehen soll, um Rosen zu züchten, welche mir den Duft ihres Oeles zu geben haben. Was werde ich thun? Kann ich meine Herden mitnehmen? Nein. Ich werde sie nach und nach aufgeben, um mir an ihrer Stelle anzueignen, was mir dort in Edreneh von Nutzen ist. Und wenn ich das gethan habe, so kann ich, wenn die Zeit gekommen ist, aus meinem bisherigen Lande scheiden, ohne mitnehmen zu müssen, was im neuen Lande mir nur hinderlich sein würde. So ist es auch beim Sterben. Ich wohne in diesem Leben, doch Allah hat mir seine Boten gesandt, welche mir sagen, daß ich für ein anderes bestimmt bin. Nun frage ich mich, was ich in jenem anderen Leben brauchen werde. Früher glaubte ich, es sei nichts weiter nötig, als nur der Kuran und seine Gerechtigkeit. Aber ich lernte dich kennen und erfuhr, daß diese Gerechtigkeit bei Allah nicht einen Para Wert besitzt. Ich weiß jetzt, was ich hier hinzugeben und was ich mir dafür für dort einzutauschen habe. Ich will Liebe anstatt des Hasses, Güte anstatt der Unduldsamkeit, Menschenfreundlichkeit anstatt des Stolzes, Versöhnlichkeit anstatt der Rachgier, und so könnte ich dir noch vieles andere sagen. Weißt du, was das heißt, und was das bedeutet? Ich habe aufzuhören, zu sein, der ich war, und ich habe anzufangen, ein ganz Anderer zu werden. Ich habe zu sterben, an jedem Tage und an jeder Stunde, und an jedem dieser Tage und an jeder dieser Stunden wird dafür etwas Neues und Besseres in mir geboren werden. Und wenn der letzte Rest des Alten verschwunden ist, so bin ich völlig neu geworden; ich kann nach Edreneh, nach Allahs Himmel gehen, und das, was wir das Sterben nennen, wird grad das Gegenteil davon, nämlich das Aufhören des immerwährenden bisherigen Sterbens sein!" Nachdem er dies gesagt hatte, sah er mich erwartungsvoll an. Ich war nicht nur erstaunt, ich war sogar betroffen. War es denn möglich, daß mein Hadschi derartige Gedanken hegen und solche Worte sprechen konnte?! (Silberlöwe III, S. 67-72)

Hier will Kara Ben Nemsi zuerst nicht auf das Gespräch eingehen. Dann lässt er Hadschi Halef Omar seine Frage selbst beantworten und drückt zum Schluss seine Verwunderung aus, dass Hadschi Halef Omar solche Gedanken ausspricht. Dieser Dialog hat auch wenig mit der eigentlichen Handlung zu tun, wie derjenige aus dem zweiten Band. Aber weglassen könnte man ihn nicht, denn er ist der Vorbote einer schweren Erkrankung Halefs, die auch Kara Ben Nemsi ergreifen wird. Durch die kommende Erkrankung ist die überraschende Gedankentiefe Halefs leicht erklärlich. Er stirbt beinahe und bleibt für den Rest der Geschichte ein Rekonvaleszenter, der nur zuschaut, aber nicht mehr selbst handelt. An seine Stelle tritt sein Sohn Kara Ben Halef.
Beide Zitate sind Zwiegespräche zwischen Kara Ben Nemsi und Hadschi Halef Omar. Sie behandeln beide ein bestimmtes Thema, das jeweils von Hadschi Halef Omar angeregt wird. Kara Ben Nemsi lässt sich darauf ein, und führt das Gespräch so, dass Hadschi Halef Omar unmerklich selbst die richtige Antwort findet. Der Aufbau der Gespräche bleibt sich gleich, egal, ob die Dialogpartner Freunde oder Feinde sind. Kara Ben Nemsi ist unübertrefflich, wenn es darum geht, im Gespräch jemanden zu besiegen. Freunde werden so von Irrtümern befreit, und Feinde bringt er dazu, sich zu verraten. Diese Art der Dialoge habe ich bereits im *Orientzyklus* besprochen. Sie sind Teil der Handlung und in der Regel für die Fortsetzung der Reise bzw. des Abenteuers wichtig. In den letzten beiden Bänden jedoch ändert sich ihre Funktion. Die Gespräche mit Freunden sind immer weniger Lagebesprechungen oder Belustigungen der Zuhörer, sondern sie dienen dem Ich immer öfter dazu, dem jeweiligen Gesprächspartner die Augen über sich selbst zu öffnen, oder, was seltener geschieht, die andern öffnen dem Ich die Augen. Es sind bildende Gespräche, die sich vorwiegend mit Psychologie, aber auch mit Religion und Philosophie beschäftigen. Die Handlung wird immer weniger wichtig.

Dies zeigt sich auch in den beiden Gesprächen, die ich nun noch als zweites Beispiel besprechen werde. Da beide zu lang zum Zitieren sind, werde ich sie zusammenfassen. Das eine findet in Bagdad statt, als der Bimbaschi seine Lebensgeschichte erzählt[42]. Das andere führt Kara Ben Nemsi im Hohen Haus mit dem Ustad über dessen Lebensgeschichte[43].

---

42   Silberlöwe I, S. 462-527
43   Silberlöwe IV, S. 1-195

Der Bimbaschi beginnt das Gespräch mit einer Frage: „Effendi, glaubst du an Gott?"[44]. Er glaubt nicht an Gott und hält ihn für ungerecht, weil er sein Lebensglück verloren hat. Kara Ben Nemsi macht ihn darauf aufmerksam, dass er sich selbst widerspricht. Wenn er die Existenz Gottes leugnet, kann er ihn nicht für sein Leben verantwortlich machen. Darauf hin erzählt der Bimbaschi sein Leben, um Kara Ben Nemsi zu überzeugen. Der Bimbaschi war aus seiner Heimat als gescheiterter Revolutionär geflohen. Er trat zum Islam über, um im Militär in der Türkei Karriere machen zu können. Er heiratete und hatte zwei Kinder. Er zog nach Damaskus, wo im Aufstand gegen die Christen seine Familie scheinbar den Tod fand und er unschuldig verurteilt wurde. Dann zog er nach Bagdad und wurde Zöllner. Eines Tages erwischten ihn die Schmuggler, denen er sein ganzes Vermögen gab, um sich frei zu kaufen. Kara Ben Nemsi zeigt ihm nun, dass er immer nur an seinen eigenen materiellen Vorteil gedacht habe. Bei der Revolution ging es ihm nicht um das Wohl seines Volkes, sondern um eine angesehene Stellung im Falle des Gelingens. Er wechselte den Glauben, um Karriere machen zu können. Er glaubt an den Tod seiner Familie, obwohl er nie Beweise dafür fand. Kara Ben Nemsi vergleicht ihn mit einem trotzigen Kind, das es besser wissen will als der Vater. Er überzeugt den Bimbaschi mit einfachen, klaren, manchmal verletzenden Bildern und heilt ihn von seinen Irrtümern. Das Verhalten des Bimbaschi gibt ihm recht. Er lernt wieder beten und auf Gott zu vertrauen. So zeigt dieses Gespräch, wie Kara Ben Nemsi nicht nur in launigen Wortgeplänkeln mit Hadschi Halef Omar die Oberhand behält, sondern auch durch seine weise Gesprächsführung irrende Menschen wieder auf den rechten Weg bringen kann. Dabei besteht immer die Gefahr, dass diese ihm seine Belehrungen übel nehmen könnten, was ihn aber nicht hindert, das zu sagen, was er für unumgänglich hält.

Auch beim Gespräch mit dem Ustad ändert Kara Ben Nemsi seine Art der Dialogführung nicht. Das ist etwas überraschend, wenn man bedenkt, wie hoch erhaben der Ustad im ganzen dritten Band über allen anderen steht, auch über Kara Ben Nemsi. Das ändert sich durch das Gespräch der beiden am Anfang des vierten Bandes. Kara Ben Nemsi sieht nur den Titel des Manuskripts, welches vom Ustad verfasst wurde, und ist enttäuscht. Er bemerkt, dass auch der Ustad Irrtümern unterliegt. Der Ustad erzählt nun wie der Bimbaschi sein Leben, um um Verständnis zu bitten. Doch seine Erzählung ist im Gegensatz zu derjenigen des Bimbaschi symbolisch. Er redet vom Geist, der auf dem Pferd mit Namen ‚Prüfungen' vom ‚Berg des Glaubens' herunter in die Ebene reitet, um das Paradies zu suchen. Er findet jedoch nur falsche Paradiese. Als er dies den andern Suchenden verkünden will, wird der Baum der Geschwätzigkeit d.h. die Presse, lebendig, und er wird auf infame Weise angegriffen. Er antwortet darauf und die Angriffe werden immer gehässiger. Kara Ben Nemsi unterbricht die Erzählung mit der Frage, warum er denn überhaupt den Berg des Glaubens verlassen habe und in die Ebene gegangen sei. Jeder Mensch strebe doch aufwärts und nicht abwärts. Die, die im Schmutz wühlen, seien, wenn man sie emporhebe und der Schmutz von ihnen abfalle, nichts mehr und einem Nichts antworte man doch nicht. Wenn man sich jedoch zum Schmutz herunterlasse, mache man sich nur selbst schmutzig. Kara Ben Nemsi zeigt sich auch hier in dem symbolischen Gespräch als ein Meister der Argumentation.

---

44   Silberlöwe I, S. 462

Der Anteil der Dialoge am Text von 60% erzeugt auch im *Silberlöwen* Unmittelbarkeit und damit den mimetisch-fiktionalen Charakter des Werks. Daran ändert sich nichts, wenn im dritten und vierten Band die Lagebesprechungen und Wortgeplänkel zunehmend von ernsten Diskussionen über die Innerlichkeit verschiedener Figuren abgelöst werden.

3.5.3 Innerlichkeit

Die Darstellung der Innerlichkeit ist ähnlich wie in den bisher besprochenen Bänden. Das Mittel der stummen Sprache überwiegt. Es tritt zusammen mit den Dialogen auf und bezieht sich auf die Befindlichkeit der anderen Figuren. Die Befindlichkeit des erlebenden Ich wird in der Regel mit Innerlichkeitsbericht vermittelt. Ich möchte hier keine Beispiele mehr zitieren, da sie von der gleichen Art sind wie diejenigen im *Orientzyklus* oder in *Winnetou I-III*. Noch seltener ist das Mittel der erlebten Rede zu finden. Es bezieht sich zumeist auf das erlebende Ich mit einer Ausnahme, die ich hier zitieren möchte:

> Schon nach einigen Minuten schien sich zwischen den beiden Parteien ein Streit über den Platz entspinnen zu wollen, kam aber für dieses Mal nicht ganz zum Ausbruche, weil die Aufmerksamkeit der sich Entzweienden nach Osten abgelenkt wurde, wo jetzt die Leibwache auf der Bildfläche erschien. Diese außerordentlich gut berittenen und bewaffneten, glänzend uniformierten Hundert erregten Verwunderung. *Wie kam der Ustad zu der noch nie dagewesenen Auszeichnung, vom Kaiser eine so direkte Unterstützung zu empfangen?!* Aber diese Verwunderung verwandelte sich gar wohl in Schreck, als hinter dieser Leibkavallerie noch ein Artilleriezug von zwanzig Zambureks (Kameelkanonen) erschien, dem eine ganze Reihe Bagage und Munition tragender Kameele folgte. *Zwanzig Kanonen! Wenn auch nur so kleine! Wenn solche Abwehrmittel den Dschamikun zur Verfügung standen, so war es doch wohl nicht so leicht, mit ihnen anzubinden, wie man gedacht hatte! Und wozu oder warum waren dem Ustad diese Truppen geschickt worden? Er wußte doch nicht das Geringste von dem geplanten Angriff gegen ihn! Er sollte doch vollständig überrascht werden! Sollte er doch vielleicht etwas erfahren haben? Aber von wem? Vor allen Dingen gegen die eigenen Verbündeten!* (Silberlöwe IV, S. 549-550)

Ich habe die berichtete erlebte Rede kursiv abgedruckt. Es findet sich in den vier Bänden des *Silberlöwen* nur gerade dieses eine Beispiel. Das erzählende Ich beschreibt die Gefühle der gegnerischen Parteien beim Aufmarsch der Leibwache des Schah. Um nicht dem Vorwurf einer unmöglichen Allwissenheit ausgesetzt zu sein, benutzt es zur Beschreibung die Worte „schien" und „gar wohl". Damit beschränkt es sein Wissen von den Gedanken der Gegner auf blosse Vermutungen.

Etwas anderes, das Karl May auch hier selten benutzt, sind Gedankenberichte. Die wenigen, die vorkommen, beziehen sich auf das erlebende Ich. Ich möchte hier zwei Beispiele zitieren, weil sie zeigen, wie anders das Ich im dritten und vierten Band denkt als in den ersten beiden Bänden. Beide Gedankenberichte befinden sich mitten in einem Dialog.

> Des Säfir! Dieses Wort wirkte wie ein elektrischer Schlag auf mich. Der Säfir war da! War das derselbe Säfir, von welchem der Bimbaschi erzählt hatte? Wo befand er sich? Welchen Zweck verfolgte er? Auf was bezog sich seine Weisung? Wer und

was war ich? Oder, deutlicher gesagt, wer und was war der Mann, für den ich jetzt gehalten wurde? Diese und noch andere Fragen gingen mir durch den Kopf. (Silberlöwe II, S. 28-29)

Beim Beginn des Zitats sieht das Ganze aus wie die oben zitierte erlebte Rede. Erst der letzte Satz zeigt, dass es sich um einen Gedankenbericht des erlebenden Ich handelt. Es ist die bei Karl May übliche Form von Gedankenbericht, die nicht durch eine Inquit-formel wie „ich dachte" o.ä. eingeleitet wird. Oft bemerkt der Leser erst am Schluss des Abschnittes, dass es sich um Gedanken der erlebenden Ich und nicht um einen Kommentar des erzählenden Ich handelt. Das ist beim folgenden Beispiel aus dem dritten Band nicht anders.

Ich sah sie an und mußte mir Mühe geben, ihr nicht merken zu lassen, daß ich über sie staunte. War das noch die „festjungfräuliche" Köchin, die mir beinahe lächerlich vorgekommen war? In welchem Lichte erschien mir jetzt ihr ewig langer „Tifl", den ich für einen Schwachkopf gehalten hatte! Hatten etwa die Bewohner des „hohen Hauses" alle zwei verschiedene geistige Gestalten? Muß man aus Europa zu den ver-achteten Kurden gehen, um Menschenseelen entdecken zu lernen? Sieht man nicht, so oft man eine solche Entdeckung macht, daß jeder Mensch eigentlich zu zweien ist? Warum wurde es mir hier so leicht, daheim aber so schwer gemacht, das zu er-kennen, was der Scheik der Haddedihn „nicht den Hadschi, sondern den Halef" nann-te? Ich riß mich von diesen Gedanken los [...]. (Silberlöwe III, S. 425-426)

Es ist wieder die gleiche Form wie oben. Der Gedankenbericht ist erst am Schluss durch den letzten Satz als solcher erkennbar. Er findet sich ebenfalls mitten in einem Dialog. Das erlebende Ich drückt wiederum sein Erstaunen aus, überraschend etwas Neues zu erfahren. Doch der Inhalt der Gedanken ist ganz anders. Im ersten Beispiel sind es die logischen Fragen, die sich für Kara Ben Nemsi ergeben, als seine Verstel-lung einen so überraschenden Einblick in die Absichten seiner Gegner gestattet. Diese Fragen sind für den Leser ein Fingerzeig auf das nachfolgende Verhalten von Kara Ben Nemsi, der nun bestimmt versuchen wird, noch mehr zu erfahren, was er dann auch sogleich erfolgreich tut.

Beim zweiten Beispiel drücken die Gedanken ebenfalls eine Überraschung aus, doch die Fragen, die in Kara Ben Nemsi auftauchen, verlangen nicht nach einer sofortigen Beantwortung wie diejenigen im ersten Beispiel. Sie sind eher rhetorischer Natur. Kara Ben Nemsis Gesprächspartnerin Pekala könnte sie auch nicht beantworten. In diesen Fragen zeigt sich die meditierende Reflektorfigur. Solche Fragen tauchen im Verlauf der Handlung immer wieder auf und werden mehr oder weniger befriedigend beant-wortet. Obwohl Gedankenberichte im Silberlöwen so selten sind, wollte ich diese bei-den Beispiele zitieren, weil sie zeigen, dass sich nur der Inhalt, nicht aber die Form im dritten und vierten Band verändert hat. Am meisten Gedankenberichte finden sich im ersten Kapitel des vierten Bandes, also in dem langen Nachtgespräch zwischen Kara Ben Nemsi und dem Ustad. Dort finden sich auch sehr viele Belege für die stumme Sprache. Da das Thema des Dialoges das Innere des Menschen ist, ist dies nicht über-raschend.

Eine Besonderheit, die in diesem Umfang sonst nirgends zu finden ist, ist der Traum im *Silberlöwen IV*[45]. Er umfasst 40 Seiten und ist damit der längste Beleg für Innerlichkeit bei Karl May überhaupt. Träume an sich kommen ab und zu vor bei Karl May. In den Reiseerzählungen werden sie meist durch einen Gewaltakt ausgelöst oder beendet. Ein kurzes Beispiel findet sich auch im *Silberlöwen I*.

> Ich war sehr müde, schlief ein und fiel in Träume. Der arabische Morpheus machte mir allerhand dummes Zeug weis; zuletzt gaukelte er mir gar einen Ueberfall durch Beduinen vor, ein leises, leises Rauschen von Gewändern, gedämpfte Schritte, unterdrückte Stimmen, dann ein Schuss – – war das wirklich ein Traum? Ich fuhr empor [...]. (Silberlöwe I, S. 283)

Hier träumt das erlebende Ich, was sich beim Erwachen als Realität herausstellt. Der Rest des Traumes wird zusammengefasst als „allerhand dummes Zeug".

Der lange Traum im vierten Band ist ein Innerlichkeitsbericht, denn er wird klar als Traum eingeleitet und durch das Erwachen des erlebenden Ich wieder beendet. Nebenbei, das einzige Selbstgespräch, das Kara Ben Nemsi je führt, findet sich unmittelbar nach dem Traum. Innerhalb des Traumes benutzt Karl May die gleichen erzählerischen Mittel wie immer. Es wird verhältnismässig viel geredet, Kara Ben Nemsi bleibt der überlegene Held, der die andern belehrt und unwissentlich Prophezeiungen minutiös erfüllt. Doch dieser Traum, so phantastisch er ist, zeigt nach dem Erwachen Kara Ben Nemsis, dass auch da sich etwas als real erweist. Im obigen Beispiel war es der Überfall der Beduinen, hier ist es die Person, der Marah Durimeh die Sage des verzauberten Gebetes erzählt hatte.

3.5.4 Der Ich-Erzähler

Das erzählende Ich ist wie bereits in den vorher besprochenen Werken selten anzutreffen. Alle paar Seiten ein Tempuswechsel, manchmal kombiniert mit einer Leseranrede und noch seltener ein Kommentar wie die Beschreibungen von historischen Stätten wie Bagdad[46], Babel[47] und Basra[48]. Sie beinhalten eher historische Fakten oder Legenden als eine eigentliche Beschreibung. Die übrigen Kommentare beinhalten allgemeine Themen, die mit der Handlung an sich oft nicht viel zu tun haben. Trotzdem bleiben sie dem Leser im Gedächtnis, zum Teil natürlich deshalb, weil sie sich in den verschiedenen Erzählungen wiederholen wie die Abhandlung über den Zufall, die auch im *Silberlöwen* nicht fehlt[49]. Einen anderen allgemeinen Kommentar möchte ich hier zitieren.

> Also mein tapferer Halef stand unter dem Pantoffel! Nicht er, sondern seine „lieblichste der Blumen" war Scheik der Haddedihn! Aber das konnte mich nur freuen, und es fiel mir gar nicht ein, ihn darum weniger zu achten. Es ist jeder heiß- oder schnellblütig angelegte Mann nur glücklich zu preisen, wenn er eine bedachtsame Frau besitzt, welche es versteht, ihn in freundlicher, aber ja nicht herrischer Weise

---

45 Silberlöwe IV, S. 314 -352
46 Silberlöwe I, S. 421-423
47 Silberlöwe II, S. 54-58
48 Silberlöwe III, S. 1-3
49 Silberlöwe I, S. 232

vor Unbedachtsamkeiten zu bewahren. Und doppelt glücklich zu preisen ist er, wenn er trotz seines Temperamentes so einsichtig ist, sich von ihr raten, mahnen und lenken zu lassen! Es geht ihm dadurch kein einziges Atom von seiner Manneswürde verloren. Ich habe nicht wenige Ehen kennen gelernt, deren Glück nur dieser liebevollen, vorsichtigen Führung der Frau zu verdanken war. Das sind Perlen, deren Wert gar nicht hoch genug geschätzt werden kann! (Silberlöwe I, S. 247-248)

Das ist doch eine überraschende Ansicht des Ich, da in den bisherigen Erzählungen Frauen kaum eine Rolle spielten. Sie werden allmählich wichtiger für die Handlung, vor allem im dritten und vierten Band. Schakara, Hanneh und Pekala übernehmen Aufgaben, ohne die die Handlung nicht weitergehen könnte. Sie sind zwar noch nicht die Lenkerinnen der Männer (Pekala spielt sich nur als solche auf), aber doch wichtige Partner. Ausserdem scheint Marah Durimeh alles zu lenken, obwohl sie nie persönlich auftritt. Dieser zitierte Kommentar über die Rolle der Frau verweist auf die Rollen der Frauen in den Bänden III und IV, aber meiner Meinung nach noch mehr auf Mary Waller in *Und Friede auf Erden* und auf die Ehefrauen des Scheiks und des Zauberers der Ussul in *Ardistan und Dschinnistan*.

Wie gesagt, die Belegstellen für das erzählende Ich kommen etwa gleich häfig vor wie in den andern Werken. Doch sie sind nicht gleichmässig über den Text verteilt, sondern im dritten und vierten Kapitel von Band III finden sich die meisten Belegstellen. Es scheint als ob die Krankheit und allmähliche Genesung des erlebenden Ich dem erzählenden Ich die Möglichkeit bietet, sich mehr in den Mittelpunkt zu schieben.

Im Band III findet sich die oben erwähnte Binnenerzählung, in der sich das erzählende Ich in einen Er-Erzähler verwandelt. Kara Ben Nemsi erfährt von Kara Ben Halef die Ereignisse auf dessen Ausritt mit Tifl. Das erzählende Ich berichtet darüber wie ein Er-Erzähler. Damit nähert sich das erzählende Ich nicht nur dem allwissenden Er-Erzähler an, sondern übernimmt für einmal dessen Rolle[50].

3.5.5 Vermischung der Perspektiven

Auch in diesen vier Bänden gibt es die für Karl May typischen Textstellen mit dem Demarkationsproblem, bei denen man nicht sicher ist, ob es ein Kommentar des erzählenden Ich oder die Wahrnehmungen und Gedanken des erlebenden Ich sind. Besonders schwierig fällt die Entscheidung, wenn die Textstelle durchmischt ist mit Tempuswechseln. Eine solche Stelle möchte ich behandeln und zwar die Beschreibung des Hohen Hauses. Da sie zu lange ist, um sie vollständig zu zitieren, habe ich einen Ausschnitt ausgewählt.

> Dann lenkte ich meine Aufmerksamkeit dem „hohen Hause" zu. [...] Ja; der Ustad hatte recht gehabt: ich sah eine in Stein laut tönende Predigt der Jahrtausende vor mir liegen. War sie häßlich, war sie schön? Das fragte ich mich nicht. Ich sah und hörte sie zu mir herüberklingen, in Tönen, die so gewaltig waren, daß für Stilfragen weder Zeit noch Raum in mir gefunden wurde. Die Wirkung war da; was kümmerte mich der Stil!
> Was sind altindische Tempel? Die ägyptischen Pyramiden? Die mittelamerikanischen Teocalli? Gewaltige Menschenwerke, welche der Zerstörung bis heutigen Tages trotzen, ja. Doch reden sie zu uns von einer gewissen, ganz bestimmten Zeit in

einem ebenso gewissen, ganz bestimmten Tone. Hier aber lag ein Bau vor mir, zu dem in unberechenbarer Vorzeit der Grund gelegt worden war; die später Gekommenen hatten ihn fortgesetzt, und heut sah ich, daß er noch fortzusetzen war. Also kein Ueberrest aus einer vergangenen Epoche, sondern ein steinernes Kalenderwerk von Anbeginn bis auf die Gegenwart, mit Raum auch noch für die zukünftige Zeit! [...] Es war längst eingefallen, und von den Pfeilern standen nur noch zwei, deren Knäufe menschlichen Köpfen mit Hals und Schultern glichen. Von den letzteren gingen nach den Seiten Flügel aus [...]. Geflügelte Wesen! Sollte diese Meißelarbeit auf die Strahlenflügel schlagenden Amschaspands deuten, welche nach altiranischem Glauben den Himmel bevölkerten und im Sonnenlichte zur Erde niederschwebten, um die Wünsche der Menschen im Gebete zu Gott emporzutragen?

Man darf heutzutage kaum mehr von den Engeln reden, obgleich sogar in der Bibel zu wiederholten Malen und deutlich genug von ihnen erzählt und gesprochen wird. Warum? Der Eine versteht unter ihnen wirklich existierende Geschöpfe Gottes; der Andere läßt sie nur als Personifikationen gewisser Kräfte oder Eigenschaften gelten. Welcher von Beiden hat recht? Aber wer gab dem Anderen die Erlaubnis, über den beglückenden Kinderglauben des Einen zu zürnen? Und von wem wurde diesem Einen der Auftrag, dem Anderen zu verbieten, die Ursachen und Wirkungen im Bereiche der irdischen Natur zu poetischen Gestalten zu verklären? Die heilige Schrift bedient sich beider Anschauungsweisen. Sie erzählt von persönlich auftretenden Engeln, und sie spricht von Winden und Feuerflammen, die sie Engel nennt. Nur der Mensch allein ist es, der da ewig deutet!

Abermals zurücktretend und wieder etwas schmäler folgte nun ein zweietagiges Geschoß. (Silberlöwe III, S. 501-509)

Das Zitat beginnt mit der Wahrnehmung des erlebenden Ich. Es betrachtet das Hohe Haus und erinnert sich an die Aussage des Ustad. Die Frage, ob das Gebäude schön oder hässlich sei, könnte man als Gedanken interpretieren. Doch der nachfolgende Satz „Das fragte ich mich nicht" ist eindeutig ein Kommentar des erzählenden Ich, denn das erlebende Ich kann nicht sagen, was es nicht denkt. Die Wahrnehmung „Ich sah und hörte sie zu mir herüberklingen" wird sofort wieder unterbrochen durch den wiederholten Kommentar des erzählenden Ich, dass die Stilfrage unerheblich sei und deshalb dem erlebenden Ich gar nicht in den Sinn kam.

Der nächste Abschnitt beginnt mit einem Tempuswechsel, das heisst, das erzählende Ich spricht auf der Erzählerebene über seine Auffassung von alten Bauwerken. Mit dem Satz „Hier aber lag ein Bau vor mir" rückt wieder die Wahrnehmung des erlebenden Ich in den Vordergrund, denn nur das erlebende Ich kann von „hier" und „heute" reden. Der Satz „Also kein Ueberrest" kann ein Kommentar des erzählenden Ich auf der Handlungsebene sein oder aber mit der Inquitformel „dachte ich" ein Gedanken des erlebenden Ich. So wie der Satz dasteht, ist es nicht eindeutig zu klären, doch neige ich eher dazu, es dem erlebenden Ich zuzuordnen, denn es ist durchaus nichts Ungewöhnliches, dass dieses solche Gedanken äussert, wie an Beispielen aus anderen Werken zu sehen ist.

Der nächste Abschnitt beginnt wieder mit der Wahrnehmung des erlebenden Ich. Die Sätze von „Geflügelte Wesen" bis zu „im Gebete zu Gott emporzutragen" sind Gedanken des erlebenden Ich. Mit der Inquitformel „dachte ich" werden sie zum eindeutigen Gedankenbericht eines meditierenden Reflektors. Der nächste Abschnitt scheint ein allgemeiner Kommentar des erzählenden Ich auf der Erzählerebene zu sein, was mit

dem Tempuswechsel begründet werden kann. Das erzählende Ich nimmt die Wahrnehmung des erlebenden Ich von den geflügelten Wesen zum Anlass, seine Ansicht
der Engel und vor allem seine Ansicht vom Umgang der Menschen mit Engeln darzu-
legen. Es ist nicht untypisch für den Ich-Erzähler Karl Mays, die Handlung zum Anlass
eines allgemeinen Kommentars zu machen, der weder nötig noch erwünscht ist, da er
den Handlungsablauf stört. Doch diese Stelle kann auch als direkter Gedankenbericht
eines meditierenden Reflektors gelesen werden. Die Stelle ist eingebettet in die Wahrnehmungen und Gedanken des erlebenden Ich. Die Form des Präsens ist im direkten
Gedankenbericht üblich. Der einzige Einwand wäre die fehlende Inquitformel, die das
Zuordnen der Kategorie eindeutig machen würde. Der nächste Abschnitt fällt wiederum in die Wahrnehmung des erlebenden Ich.

So wie im Zitat gezeigt, geht die Beschreibung des Hohen Hauses weiter. Sie ist zum
grossen Teil der Reflektorfigur zuzuordnen, deren Wahrnehmungen und Gedanken
dargestellt werden. Auf den acht Seiten gibt es nur gerade zweimal einen eindeutigen
Hinweis auf das erzählende Ich mit den beiden Teilsätzen „wie ich es nennen will" und
„man denke sich".

Auch der *Silberlöwe* ist eine Übergangsform wie die Beschreibung des Hohen Hauses
zeigt. In der Einleitung erwähnte ich, dass in der Übergangsform nicht nur die diegetisch-fiktionalen Elemente allmählich von mimetisch-fiktionalen Elementen abgelöst
werden, sondern auch, dass sich durch die Förderung der Innerlichkeit der Handlungsroman zum psychologischen Roman wandelt. Das erstere fand sich auch in den bisher
analysierten Werken von Karl May, die, wie ich gezeigt habe, alle dank der Dialoge
einen mimetisch-fiktionalen Charakter aufweisen. Im dritten und vierten Band des *Silberlöwen* zeichnet sich nun auch die Förderung der Innerlichkeit ab. Allerdings nicht
durch das vermehrte Einsetzen der entsprechenden erzählerischen Mittel wie Innerlichkeitsbericht o.ä., sondern dadurch, dass die Innerlichkeit der Figuren immer häufiger das Thema der Dialoge und das erlebende Ich als Held und Reflektor immer weniger Held und immer mehr beobachtender und meditierender Reflektor ist.

3.6 Am Jenseits

3.6.1 Entstehung und Aufbau

Am Jenseits wurde als Jubiläumsband Nr. 25 der Gesammelten Reiseerzählungen direkt für die Buchausgabe geschrieben, ohne vorhergehenden Abdruck in Zeitschriften.
Karl May hat die Geschichte vom Herbst 1898 bis März 1899 geschrieben. Aus seinen
Briefen mit Fehsenfeld ist zu entnehmen, dass er mit diesem Buch Neuland betreten
wolle[51]. Es ist in vier Kapitel eingeteilt, die alle mit arabischen Titeln versehen sind,
deren Übersetzung erst im Verlauf der Erzählung erfolgt. Kara Ben Nemsi reist unter
falschem Namen mit Hadschi Halef Omar, Hanneh, Kara Ben Halef und 50 Haddedihn
durch die Wüste Richtung Mekka. In der Wüste treffen sie auf verschiedene Gruppen.

---

51   Am Jenseits, Nachwort zur Reprint-Ausgabe, S. N18

Eine davon ist der Mekkaner Ghani mit seinem Sohn und drei Gefährten, die den blinden Wahrsager Münedschi bei sich haben und auf der Flucht sind, weil sie den Schatz der Glieder geraubt haben. Die andere besteht aus dem Perser Khutab Aga, Oberaufseher des Heiligtums in Meschhed Ali, der mit seinen Soldaten die Räuber fangen will. Dazu kommen noch zwei verfeindete Beduinenstämme: Die Beni Khalid, die sich auf die Seite des Ghani schlagen und die Beni Lam, die den Haddedihn und dem Perser helfen. Alle Auseinandersetzungen spielen sich rund um den Brunnen Bir Hilu ab. Die Reise geht nicht weiter und der Schluss bleibt offen, Mekka wird nicht erreicht.

3.6.2 Dialog

Der Dialog ist auch hier das häufigste erzählerische Mittel. Er beansprucht 62% des ganzen Buchs, was selbst für Karl May auffallend viel ist. Im dritten Kapitel sind es sogar 74%. Dort findet sich das Nachtgespräch, in dem der Münedschi im Gespräch mit seinem Engel Ben Nur Kara Ben Nemsi und seinen Gefährten auf ca. 40 Seiten[52] den Eingang zum Jenseits mit der Waage der Gerechtigkeit beschreibt. Es ist der Kern der ganzen Geschichte, den Karl May in seiner meistgebrauchten Form des Dialogs beschreibt. Da er für ein Zitat viel zu lang ist, habe ich zwei andere typische Beispiele ausgesucht. Das erste ist ein Wortgefecht, das sich Kara Ben Nemsi und Hadschi Halef Omar liefern. Letzterer erfindet einen neuen Namen für Kara Ben Nemsi und fragt ihn, wie er damit zufrieden sei.

> „Du scheinst zu glauben, mich mit ihm sehr zufriedengestellt zu haben, irrst dich aber; er könnte länger und besser sein!"
> „Länger – – besser – – ?!"
> Sein Mund blieb vor Verwunderung offen. Er sah mich eine Weile mit großen Augen an und brach dann zornig los:
> „Wie – – wie könnte er sein? Länger könnte er sein, und besser könnte er sein? Soll ich ihn etwa von hier bis hinauf zum Monde und dann wieder herunter dehnen? Soll ich alle sieben Himmel Muhammeds plündern, um noch mehr Worte der Pracht und der Erhabenheit für dich zusammenzustehlen? Wie kommst du zu dieser mich beleidigenden Unzufriedenheit. Hast du den Namen bei mir bestellt, oder habe ich ihn dir freiwillig, also aus eigenem Antriebe, gegeben?"
> „Freiwillig."
> „Hast du ihn mir bezahlt, oder wirst du ihn bezahlen?"
> „Nein."
> „Du mußt also zugeben, daß er ein Geschenk von mir ist?"
> „Ja."
> „Gut, so hast du deine Undankbarkeit in ihrer ganzen kolossalen Größe eingestanden! Ich mache dir aus eigenem Antriebe, aus der Tiefe meines freigebigen, mildthätigen Herzens heraus einen neuen Namen, den du brauchst, zum Geschenk! Ich suche in allen Winkeln und Ecken der menschlichen Sprachfertigkeit herum, um das Beste, was dort hingelegt und an den Wänden aufgehängt worden ist, herauszufinden! Ich wähle die glänzendsten Worte, die prächtigsten Ausdrücke und füge sie für dich mit einem so tiefen Verständnisse, mit einer so bewundernswerten Sachkenntnis zusammen, wie der Dschauhardschi (Juwelier) die seltensten Edelsteine und die köstlichsten Perlen zu einer Halskette zusammensetzt! Ich überreiche dir dieses unübertreff-

---

65

liche Geschenk, indem ich es dir mir meinem eigenen Munde mühsam diktiere! Und
nun du es empfangen hast, was thust du? Du drehst es in deinen Gedanken und in
deinen Händen unzufrieden hin und her; du wirfst die Nichtwohlgewogenheit deiner
unfreundlichen Blicke darauf und beleidigst den Hintergrund meiner Seele und den
Vordergrund meines Herzens durch die schreiende Ungerechtigkeit des unsachgemä-
ßen Vorwurfes, daß diese Juwelenkette, dieses ganz unzahlbare Geschmeide, diese
geradezu diamantene Freundschafts- und Ehrengabe länger und auch besser sein
könne! Wenn das nicht eine Undankbarkeit ist, die dich um meine ganze Achtung
und Gegenliebe bringen muß, so habe ich noch nie gewußt, was überhaupt Undank
ist! Du hast mit der Hacke deiner Unerkenntlichkeit und mit der Schaufel deiner hab-
süchtigen Unzufriedenheit zwischen mir und dir einen tiefen Abgrund gegraben, dessen Breite ich nicht überspringen könnte, wenn ich hinüberwollte. Das Schicksal hat
unsere Trennung beschlossen; das Fatum reißt uns für ewig auseinander, und wir
werden, ich hüben und du drüben, von jetzt an einsam durch das Leben gehen und
beide für alle Zeit auf dich verzichten! Lebewohl, Sihdi, lebewohl!"
(Am Jenseits, S. 14-18)

Es ist wie bei allen Streitgesprächen, Hadschi Halef Omar wird überlistet. Interessant
ist, dass Hadschi Halef Omar sich in seinem Ärger neuerdings Rat bei Hanneh holt, die
Kara Ben Nemsis Ironie durchschaut und Hadschi Halef Omar beruhigt, ohne das Spiel
von Kara Ben Nemsi zu durchkreuzen.
Das zweite Beispiel ist sehr ernster Natur und hat einen religiösen Inhalt. Ich möchte
kurz das Geschehen erklären, damit der Dialog verständlich wird. Der Perser ist aus
seinem Scheintod erwacht und wird nun von Kara Ben Nemsi untersucht. Dabei stellt
sich heraus, dass die Kugel von einem in seiner Jackentasche befindlichen Buch, das in
Metall gebunden und mit einem silbernen Lesezeichen versehen war, aufgefangen
wurde. Das Buch enthält die vier Evangelien.

Die Kugel war fast durch das ganze Buch gedrungen, denn das Lesezeichen hatte fast
ganz vorn, nämlich in der Bergpredigt, im fünften Kapitel des Matthäus, gesteckt, wo
durch den verbogenen Rand des Zeichens ein kleiner Einschnitt entstanden war, wel-
cher die letzte, im Buche sichtbare Wirkung des Schusses bildete. Und wo befand
sich diese Stelle? Ich hielt sie dem Perser hin und bat ihn:
„Lies!"
„Warum?" fragte er.
„Das nachher! Jetzt aber lies!"
„Es ist dasselbe, was ich heute früh gelesen habe: ‚Ich aber sage euch: Liebet eure
Feinde; thut Gutes denen, die euch hassen, und betet für die, welche euch verfolgen
und verleumden, auf daß ihr Kinder seid eures Vaters, der im Himmel ist, der seine
Sonne aufgehen läßt über die Guten und die Bösen und läßt regnen über die Gerech-
ten und die Ungerechten!' Hierher habe ich das Zeichen gelegt."
„Und was siehst du hier, grad neben diesen beiden Versen?"
„Ein kleines Loch, wahrscheinlich von dem verbogenen Zeichen!"
„Ja, aber für mich ist es noch mehr, und auch für dich soll und muß es noch mehr
sein!"
„Was?"
„Du hast mir gesagt, dir sei heut früh der Gedanke gekommen, daß wir viel zu gütig
gegen unsere Feinde gewesen seien; um dieser deiner Schwachheit Kraft zu verlei-
hen, habest du hier diese Stelle aufgeschlagen und gelesen. Das ist doch so?"
„Ja, so ist es."

„Nun, hier steht der Befehl: Liebet eure Feinde! Vorhin erzähltest du, der Engel wünsche, daß dein ganzes, noch folgendes Leben so sei wie der letzte, hier vergangene Tag. Und hat er nicht ausdrücklich gesagt, daß es die Liebe sei, welche dich beschützt habe?“

„Ja; das war eines seiner Abschiedsworte!“

„Nun, der Drang nach dem Gebote der Feindesliebe gab dir dieses Buch in die Hand. Aus Gehorsam für dieses Gebot schlugst du diese Stelle auf und legtest das Zeichen hinein. Grad bis hierher ist die Kugel gedrungen. Hier an dem Worte der Liebe hat sie ihre Macht verloren. Ist das ein Zufall?“

„Allah, Allah! Nein, gewiß nicht!“

„Ich denke das auch! Und jetzt fallen mir meine Worte ein, welche ich dir über das Evangelium sagte, kurz, ehe du erschossen werden solltest. Kannst du dich besinnen?“

„Nein.“

„Ich versicherte dir, daß Gott, welcher von dir die Liebe zu den Feinden fordere, auch die Macht habe, dich grad durch diese Liebe zu retten. Ich sagte, sein Evangelium sei ein starker Schutz und Schirm selbst in der größten Todesgefahr, und vielleicht stehe dir die Hilfe näher, als du denkst!“

„Ja, das ist sonderbar, Effendi!“

„Nicht nur sonderbar! Ich sprach von dem Schutze des Evangeliums, ohne eine Ahnung davon zu haben, daß dieses Buch der vier Evangelien in deiner Brusttasche steckte! Und dazu kommt noch mehr. Besinne dich nur! Als du davon sprachst, daß du mich im Jenseits um Verzeihung bitten werdest, sagte ich dir, daß ich dir schon verziehen habe, und fügte hinzu, daß Gottes Hand dich noch im letzten Augenblicke retten und sogar die Kugeln lenken könne!“

„Ich besinne mich. Ja, so sagtest du wirklich!“

„Und noch etwas! Der Scheik sagte: ‚Meiner Hand entkommt ihr nicht, so wahr euer Es Setschme, der Ort der Sichtung, nichts als Schwindel ist!‘ Du behauptest, auf Es Setschme und an der Wage der Gerechtigkeit gewesen zu sein; dieser Ort ist also für dich kein Schwindel. Und schau: Wir sind ihm entkommen, wir sind frei, während aber nun er unser Gefangener ist und uns ohne unsern Willen sicher und wahrlich nicht entkommen wird. Ist dieses wiederholte und erstaunliche Zusammenstimmen der gesprochenen Worte mit den späteren Ereignissen Zufall?“

„Nein, nein!“ sagte der Perser.

Und „Nein, nein!“ riefen auch Halef, Hanneh, Kara und alle, alle Haddedihn.

„Entweder müssen wir uns für Propheten halten,“ fuhr ich fort, „oder wir sind der Ueberzeugung, daß wir unter einer alliebenden und allweisen Führung stehen, welche für uns das Unheil in Heil, das Unglück in Glück verwandelt. Da wir aber nicht den Wahnsinn haben, zu behaupten, daß wir mit der Gabe der Weissagung ausgerüstet seien, so ist für uns nur die zweite Annahme möglich. Ich habe stets an Gottes Führung geglaubt; ich werde an sie glauben und mich ihr mit herzlicher Zuversicht anvertrauen, so lange ich lebe, und ich bitte euch alle, dies auch zu tun! Wir stehen hier an einem Orte, den wir wohl nie vergessen werden, an der Stelle eines Ereignisses, welches nicht bloß für Khutab Agha, unsern Freund, sondern auch für uns alle von der größten Wichtigkeit ist. Wir haben hier abermals eine Kijahma, eine Auferstehung von den Toten, erlebt. Sie mag uns nicht nur auf unsere einstige Auferstehung nach dem leiblichen Tode hinweisen, sondern uns zu einer Auferstehung schon jetzt erwecken, zu einem Erwachen alles dessen, was noch tot und fruchtlos in uns liegt, zu einem Lebendigwerden besonders der Liebe, die uns gegeben ist, nicht, daß wir sie in uns vergraben, sondern daß wir sie von uns hinausstrahlen lassen auf je-

dermann, auf Freund und Feind, der mit uns in Berührung kommt. Ihr habt durch den Mund des Basch Nazyr die Worte seines Engels gehört, welcher sagte, daß dies der Weg sei zum klaren Lichte, zum wirklichen Leben und zur Seligkeit. Und in diesem Sinne wollen wir uns jetzt zusammensetzen, um Gericht zu halten, über die, welche sich so schwer gegen uns vergangen haben, daß sie nach dem Gesetze der Wüste nur den Tod erwarten dürfen!"
Es antwortete hierauf niemand. (Am Jenseits, S. 518-522)

Kara Ben Nemsi deutet die ganze Situation religiös aus, um auf alle Gefährten veredelnd zu wirken. Dies tut er in seltenen Fällen bereits in den Reiseerzählungen, aber vor allem im Spätwerk bringt er äussere Ereignisse und innere Entwicklungen in einen Zusammenhang, in dem Sinne, dass die äusseren Ereignisse die inneren widerspiegeln. Die Unmittelbarkeit, die durch die Dialoge entsteht, ist durch ihre enorme Häufigkeit besonders ausgeprägt. Der Inhalt der Dialoge variiert von Wortgeplänkeln über Lagebesprechungen und Aushorchen der Feinde bis zu Religionsgesprächen.

3.6.3 Innerlichkeit

Die erzählerischen Mittel zur Darstellung der Innerlichkeit sind hier noch weniger anzutreffen als in den andern Werken. Das häufigste Mittel ist auch hier die stumme Sprache. Sie tritt auch in diesem Buch meistens zusammen mit den Dialogen auf und wirkt hier mehr denn je wie die Regieanweisung in einem Drama. Da sich die Art der stummen Sprache gegenüber den andern Erzählungen nicht verändert hat, möchte ich hier keine Beispiele bringen. Nur ein Beispiel von Innerlichkeitsbericht möchte ich zitieren. Es ist ein Zustand der Bewusstlosigkeit des erlebenden Ich.

> Ich fiel – – ich fiel und fiel – – fiel tiefer und immer tiefer! Das war kein Fallen mehr, sondern ein langsames, gemächliches Niedersinken, welches gar kein Ende nahm! Ich hatte die Augen zu und fühlte keinen andern Schmerz als nur einen scharfen Druck in den Hand- und Fußgelenken. Es war ein ganz eigenartiger Zustand. Hörte denn dieses Sinken gar nicht auf? Welche Tiefe war es denn eigentlich, in welche ich mich hinunterbewegte? Ich öffnete die Augen, um es zu sehen. Die Lider gehorchten dem seelischen Impulse ohne Widerstreben. Da sah ich – – –
> Ja, was ich da sah, das brachte mich augenblicklich zu der Ueberzeugung, daß dieses Gefühl der unaufhörlichen Abwärtsbewegung nicht Wahrheit sondern Täuschung, daß ich betäubt gewesen war! (Am Jenseits, S. 477-478)

Wie bereits im *Orientzyklus*, wenn auch nicht so ausführlich, beschreibt das erzählende Ich den Zustand der Ohnmacht des erlebenden Ich, obwohl doch die eigene Bewusstlosigkeit per definitionem nicht beschrieben werden kann. Das erzählende Ich wird damit zum allwissenden Er-Erzähler, der auch die Bewusstlosigkeit seiner Figuren beschreiben kann.
Die Innerlichkeit der Figuren ist trotzdem häufiger ein Thema als in den Reiseerzählungen, wird jedoch in Dialogform dargestellt.

3.6.4 Der Ich-Erzähler

Obwohl dem erzählenden Ich höchstens ein Drittel des Buches bleibt, um sich bemerkbar zu machen, hat man als Leser den Eindruck, dass es sich sehr deutlich zeigt. Das hängt vermutlich damit zusammen, dass in keiner andern Erzählung Karl Mays das erzählende Ich so ausführliche Kommentare zu allen möglichen Themen abgibt wie in diesem Buch. Die Kommentare auf der Erzählerebene haben mit der Handlung direkt meistens nichts zu tun, wie das folgende Beispiel zeigt. Es ist eine der im Werk Karl Mays wiederkehrenden Predigt über den Zufall.

Wollte doch jedermann die Augen stets immer zu der Beobachtung offen halten, daß das Gute die Belohnung und das Böse die Bestrafung ohne alles Zuthun des Menschen schon in sich trägt! Leider üben die meisten Menschen diese Aufmerksamkeit fast nie, und nur in ganz in die Augen springenden Fällen läßt man sich zu einer Art von Erstaunen herbei, denkt einen kurzen Moment darüber nach und hält dann die Sache mit dem geistreichen Endurteile ‚Sonderbarer Zufall!‘ für abgethan! Und doch giebt es keinen Zufall! Wenigstens für den gläubigen Christen ist durch dieses Wort ein starker, dicker Strich gemacht. Der Erfinder desselben wußte von Gottes Weisheit und Gerechtigkeit nichts, und alle, die es nach ihm in den Mund nahmen, hatten, grad wie er, ihr Augenmerk zwar auf die irdische, nicht aber auf die himmlische Erkenntnis gerichtet. Man spricht so schön gelehrt von Makrokosmos und Mikrokosmos; der erstere bedeutet die ganze Welt, der letztere ist der Mensch. Nun ist man wohl bereit, jene sogenannte ‚große Weltordnung‘ zu bewundern, nach welcher alles zum Makrokosmos Gehörige sich auf streng vorgeschriebener Gesetzesbahn bewegt und keine einzige der Weltanschauungen absolut für sich selbst bestehen kann, sondern sich in der innigsten Beziehung zum Ganzen befindet, weil sich das eine aus dem andern mit lückenloser Folgerichtigkeit entwickeln muß und bisher auch entwickelt hat. Das hat man wohl erkannt, und das giebt auch der Gottesleugner zu. Er giebt sogar auch zu, daß Gesetze von ähnlicher Unverbrüchlichkeit ebenso im Mikrokosmos, also im Menschen, walten, meint aber damit nur den für die Erde existierenden Menschen; der für den Himmel bestimmte, den ich hier ‚Seele‘ nennen will, existiert ja für ihn nicht. Und doch giebt es eine – – bitte, ja nicht zu lächeln! – – eine Seelenweltordnung, welche wenigsten ebenso große Bewunderung verdient wie jene angestaunte Ordnung der makrokosmischen Welt! Wie das Leben der Einzelseele eine gottgewollte Entwicklung eng zusammenhängender Folgerichtigkeiten zeigt, so werden auch die Beziehungen der Seelen zu einander von Gesetzen regiert, von welchen es keine Abwege und gegen die es kein Widerstreben giebt. [...] Geistliche Güter sind in gewissem Sinne auch als materielle Gaben zu bezeichnen, und die Liebe Gottes teilt diese Geschenke nicht nach Willkür aus, sondern nach Gesetzen, die ihre eigenen sind; sie handelt nicht regellos. Ist doch grad sie es, die jene geheimen Fäden in den Händen hält, welche Seele mit Seele vereinen und Ursache mit Ursache verbinden, so daß die Wirkung dann als eine Schickung im wirklichen Sinne, nämlich als eine Fügung des allgütigen Ratschlusses Gottes erscheint. Wer gelernt hat, zu sehen, der kann in seinem Leben Beweis um Beweis finden, daß das, was andere Zufall nennen, ein von der belohnenden, warnenden oder wohl auch strafenden Liebe herübergeleitetes Ergebnis seelischer Zusammenwirkung ist. Und wenn er eifrig sucht, wird er dann gewiß in seiner eigenen Seele den Berührungspunkt entdecken, der ihm erklärt, warum grad ihn und keinen andern diese Fügung traf, die dann für ihn nichts weniger als ein Zufall ist! – (Am Jenseits, S. 452-458)

Man hat fast das Gefühl, die Handlung sei nur dazu da, dem erzählenden Ich die Gelegenheit zu verschaffen, dem Leser eine Predigt zu halten, die den religiösen und symbolischen Gehalt der Handlung zeigt. Einer dieser Kommentare hat noch eine Besonderheit vorzuweisen. Er beinhaltet ein Gedicht[53]. Im Gegensatz zu *Weihnacht* und *Und Friede auf Erden* hat es jedoch für die Handlung überhaupt keine Bedeutung, sondern illustriert lediglich die Stimmung des Ich-Erzählers. Doch die Präsenz des Ich-Erzählers ist fast ausschliesslich auf diese Kommentare begrenzt, von denen nur ungefähr ein halbes Dutzend zu finden sind, die aber jeweils mehrere Seiten umfassen. Im übrigen ist das erzählende Ich kaum zu finden.

3.6.5 Vermischung der Perspektiven

Auch in *Am Jenseits* gibt es die für Karl May so typische Vermischung von Gedanken und Wahrnehmungen des erlebenden mit den Kommentaren des erzählenden Ich. Das folgende Beispiel ist das ausführlichste in diesem Buch, in dem sich das Ich über den Münedschi klar zu werden versucht.

> Ich hegte die Vermutung, daß er das nicht sei, als was er gelten wollte, und hatte meine Gründe dazu. Daß er ein Gelehrter, und zwar kein gewöhnlicher, war, hatte er bewiesen. Er kannte sogar die Bibel, ein höchst seltener Fall. Auch in der Theologie der alten Perser war er bewandert! Das mußte mehr als bloß meine Aufmerksamkeit erregen. Sodann hatte er erzählt, daß er als reicher Mann nach Mekka gekommen sei. Das wollte nicht mit den geringen Einnahmen eines morgenländischen Gelehrten stimmen. Auch seine Ausdrucksweise war mir aufgefallen. Sie war nicht die umschreibende, bilderreiche eines geborenen Orientalen, sondern eher diejenige eines Europäers, der sich allerdings schon seit langer Zeit im Morgenlande befunden hat. Er drückte sich bestimmt und ohne Anwendung von Tropen aus. Auch auf seine Aussprache einiger arabischer Laute war ich aufmerksam geworden. Die beiden Ha, das Ain, den Unterschied zwischen dem Sin und Sad, des Rain, Ren oder Ghen, das erste Kaf, das alles brachte er nicht so heraus, wie ein Eingeborener es bringt. Auch hatte er sich einiger Worte bedient, welche dem Araber zwar auch, aber nicht in dem gebrauchten Zusammenhange geläufig sind. Es ist da wohl kein Wunder, wenn ich sage, daß er mir ein Rätsel war.
> Wenn ich weitergehen will, so war mir auch sein Verhältnis zu El Ghani unklar geblieben, nicht etwa, weil er so wenig darüber gesagt hatte, denn diese Zurückhaltung war Fremden gegenüber wohl begreiflich; aber er schien außer der Dankbarkeit für empfangene Wohltaten noch etwas für oder gegen diesen Mann zu empfinden, was er sich bemühte, zu verheimlichen. Warum hatte der vornehme Mekkaner den Blinden mit nach Meschhed Ali genommen, dem alten, gebrechlichen Manne also einen so weiten, beschwerlichen Weg zugemutet? Um sich seiner als Dolmetscher zu bedienen? Gewiß nicht! Es giebt in Mekka junge, kräftige Leute mehr als genug, welche des Persischen mächtig sind und unter denen er nur zu wählen brauchte. Hatte er das etwa aus Geiz nicht getan, weil er einen Dolmetscher hätte bezahlen müssen? Vielleicht war dies ein Nebengrund, aber der Hauptgrund sicher nicht, denn jeder halbwegs gebildete Perser spricht auch arabisch, und so wäre El Ghani in Meschhed Ali mit seinem Arabisch ganz gut ausgekommen. Es lag da jedenfalls etwas vor, was niemand, am allerwenigsten ein Fremder, erfahren sollte!
> Am meisten interessierte mich natürlich sein krankhafter Zustand, welchen er mit den Worten bezeichnet hatte: "Mein Körper ist es gewöhnt, von der Seele zeitweilig verlassen zu werden." Tiefe und längere Ohnmachten kommen bei verschiedenen, auch habituellen, Krankheiten vor. War er epileptisch, hysterisch, gar somnambul,

---

53   ebd., S. 133-134

oder was sonst? Jedenfalls nervenkrank! Er behauptete, während dieser Ohnmachten in einer andern Welt zu sein und sich dessen ganz genau erinnern zu können. Um meine größte Teilnahme zu gewinnen, hätte er gar nicht mehr zu sagen gebraucht. [...] Aus all diesen verschiedenen Gründen war mir das Zusammentreffen mit ihm ganz recht [...]. (Am Jenseits, S. 119-121)

Das Zitat beginnt mit einem indirekten Gedankenbericht, den das erzählende Ich erklärt mit der Wendung „ich hatte meine Gründe". Die nun folgenden Gründe basieren auf den Wahrnehmungen des erlebenden Ich, die es überdenkt und gegeneinander abwägt, um so zu einem Schluss zu kommen, den das erzählende Ich mit den Worten „Es ist da wohl kein Wunder, wenn ich sage, dass er mir ein Rätsel war". Im nächsten Absatz gehen die Überlegungen des erlebenden Ich weiter. Mit dem letzten Satz des Zitats werden alle Wahrnehmungen und Schlussfolgerungen in das Bewusstsein des erlebenden Ich verwiesen. Im Zitat herrscht also die Perspektive des beobachtenden und meditierenden Reflektors vor, die durch wie Ausrutscher wirkende Einschübe des erzählenden Ich unterbrochen wird.

Das Ergebnis der Analyse zeigt hier mehr als in den andern Werken den mimetisch-fiktionalen Charakter des Textes, was nicht überraschend ist bei einem Anteil von fast zwei Dritteln Dialog am gesamten Text. Der Inhalt der Dialoge hat oft nichts mehr mit der Handlung zu tun. Sie befassen sich mit der Innerlichkeit der Figuren, jedoch mehr in einem religiösen Zusammenhang als in einem psychologischen. Der Ich-Erzähler kommt selten vor, doch wenn er sich zu Wort meldet, geschieht dies sehr ausführlich und in der Regel ebenfalls zu religiösen Themen. Das erlebende Ich wandelt sich vom handelnden Helden zum Beobachter. Dadurch verliert das Buch den quasi-autobiographischen Charakter der Reiseerzählungen mit dem Ich als Helden und wird allmählich zur peripheren Ich-Erzählung, in der das erlebende Ich vor allem Beobachter der Ereignisse ist. Der wahrnehmende und meditierende Reflektor, der in den Reiseerzählungen im Schatten des Helden stand, wird hier zur Hauptaufgabe des erlebenden Ich.

3.7 Und Friede auf Erden!

3.7.1 Entstehung und Aufbau

Diese Erzählung erschien zum ersten Mal 1901 unter dem Titel *Et in terra pax*. 1902-1903 schrieb Karl May *Im Reiche des silbernen Löwen* Band III und IV und danach überarbeitete er *Et in terra pax*. Der Text erschien 1904 bei Fehsenfeld unter dem Titel *Und Friede auf Erden*. Ich habe den Buchtext analysiert, also die von Karl May überarbeitete Version von 1904. Das Buch ist in fünf Kapitel eingeteilt.
Die Reise beginnt in Kairo, wo das erlebende Ich, diesmal ohne Kriegsnamen ausgestattet und ohne seine Identität bekannt zu geben, die beiden Chinesen Fu und Tsi sowie den amerikanischen Missionar Waller und dessen Tochter Mary kennen lernt und mit ihnen einige Tage verbringt. Alle treffen sich wieder zufällig in Ceylon, von wo aus sie zusammen mit dem Engländer Raffley und dessen Onkel mit dem Privatschiff Raffleys

nach China reisen. Leitmotivisch für das Buch wird ein Gedicht, das das Ich in Kairo zu schreiben beginnt. Sein Diener Sejjid Omar wirft den Anfang davon weg und Mary findet ihn zufällig. Das Gedicht, das zu Liebe und Verständnis auffordert, macht einen tiefen Eindruck auf den Glaubenseiferer Waller. Dem Ich gelingt es, nach und nach die Fortsetzungen des Gedichts an unerwarteten Orten erscheinen zu lassen. Dabei wird er von Raffley und dessen Onkel, die ihn von früher her kennen, unterstützt. Dem krank gewordenen Waller wird das Gedicht zur Stütze, an dem er sich gesund denkt, ohne zu erfahren, dass der Verfasser zu seiner Reisegruppe gehört. Das Geheimnis um das Gedicht und die Identität des Ich werden erst am Ende des Buches gelüftet.

3.7.2 Dialog

Die Dialoge machen in diesem Werk gut die Hälfte aus, nämlich 52%. Alle längeren Gespräche befassen sich mit Religion, Völkerfragen oder Psychologie. Es wird die wahre Religion diskutiert, der Kolonialismus verurteilt und vor allem am Beispiel von Missionar Waller Psychologie untersucht. Die Dialoge sind demzufolge meistens ernst gestimmt. Nur selten findet sich ein wenig Humor, wie im folgenden Gespräch zwischen dem Ich und Sejjid Omar.

> „Es stand wohl nichts darauf?" fragte ich.
> „O ja, es war beschrieben," antwortete er.
> „Aber, warum hast du es da nicht hereingebracht, sondern weggeworfen?"
> „Es war ja nicht arabisch!" […]
> „Höre, Omar," belehrte ich ihn, „ich schreibe deutsch, aber trotzdem ist Alles, was ich geschrieben habe, mehr wert, als wenn zum Beispiel du es arabisch geschrieben hättest. Auch das Papier kostet Geld, und dieses Papier gehörte mir, aber nicht dir. Wie kommst du dazu, es wegzuwerfen? Wenn ein Franzose dich mit einem goldenen Napoleon bezahlt, wirfst du diesen auch weg, nur weil die darauf zu lesende Schrift nicht arabisch ist?" […]
> „Sihdi, was soll ich sagen!" stieß er hervor. „Es ist der Wunsch meines Herzens, dein Diener werden zu dürfen, und jetzt, wo ich es noch gar nicht bin und dich noch nicht einmal begrüßt habe, mache ich mich schon eines solchen Fehlers schuldig! Kannst du denn deine Bücher nicht arabisch schreiben, damit ich, wenn ich die Blätter liegen sehe, gleich lesen kann, ob sie wichtig sind oder ob ich sie wegwerfen darf?"
> „Du hast in Zukunft nichts, gar nichts wegzuwerfen, sondern grad die von mir beschriebenen Blätter mit der größten Sorgfalt zu behandeln! Sie sind mehr Geld wert, als du denkst!"
> „Maschallah! So habe ich Geld weggeworfen?"
> „Wahrscheinlich. Ich werde dann nachsehen, was mir fehlt."
> „So verzeihe mir, Sihdi! Oder, ich werde auch etwas auf ein Blatt schreiben; das wirfst du weg, und dann sind wir quitt!" (Friede, S. 51-52)

Dialoge mit Sejjid Omar nehmen oft eine komische Wendung, obwohl es dem Diener ernst ist. Aber seine kuriose Art, Sprachen zu lernen und die seltsamen Bilder und Wendungen, die er benutzt, um seinen Sihdi über seine Gedanken zu informieren, bringen das Ich und den Leser immer wieder zum Schmunzeln. Der oben zitierte Dialog ist auch wichtig für den Fortgang der Geschichte. Zum einen stellt das Ich Sejjid Omar als Diener ein und zum andern beginnt hier das Spiel mit dem leitmotivischen Gedicht, das stückweise an den unmöglichsten Orten gefunden wird. Der Zettel, den

Sejjid Omar aus dem Fenster warf, ist der erste Teil des Gedichts, den Mary Waller findet und der auf ihren Vater einen so tiefen Eindruck macht.

Der nächste Dialog, den ich zitiere, zeigt auf knapp drei Seiten die Hauptthemen des Buches, nämlich Völkerverständigung und Friede.

Der ‚uncle' sagte halb lachend und halb ärgerlich zu ihm:

„Ihr Orang scheint ein sehr aufrichtiger Patron zu sein. Er traut uns nicht, weil wir Europäer sind, und sagt das ganz offen in unserer höchst eigenen Gegenwart! Sehr ehrenvoll für uns! Ist das nicht ein wenig unerhört?"

„Nicht dieses Mißtrauen ist unerhört," antwortete Raffley an Stelle des Gefragten, „sondern das Verhalten der Kaukasier, die sich für religiös höherstehend halten und daraus mit verwunderlicher Naivität schließen, daß sie den andern Rassen auch in geistiger und moralischer Beziehung überlegen seien. Vollwichtige Menschen darf es nun einmal außer ihnen nicht geben! Dieser Malaie hatte vollständig recht, und ich lobe ihn, daß er es uns so offen und ehrlich sagte. Aber, dear Tsi, ich bin erstaunt über die geheimnisvolle Macht, die Sie über diese Leute besitzen. Haben Sie dieses Geheimnis zu bewahren, oder ist es erlaubt, nach ihm zu fragen?"

Da legte sich ein eigenartiges, fast wehmütiges Lächeln um den Mund des Chinesen und er sprach:

„Ich komme aus dem Abendlande. Ich studierte es und weiß darum, daß man dort von einer großen, ausgebreiteten Friedensbestrebung redet. Ich maße mir nicht an, ein Urteil über sie zu fällen, denn ich verstehe die laute Art und Weise nicht, in welcher man dort Etwas versucht, was hier bei uns schon längst in aller Stille wirkt, und zwar mit welchem Segen, das haben Sie soeben hier erfahren. Vielleicht teile ich Ihnen später Ausführlicheres hierüber mit. Für jetzt genügt es, daß ich Ihnen zeige, was für eine Karte ich vorhin beschrieben habe. Ich führe davon stets eine Anzahl bei mir, um jederzeit imstande zu sein, meinen menschlichen Verpflichtungen nachzukommen."

Er legte eine der Karten auf den Tisch und fuhr dann fort:

„Sie sehen, sie ist auf der einen Seite leer. Auf der andern stehen die Zeichen der drei Worte ‚Schin', ‚Ti' und ‚Ho'. Das heißt Humanität, Bruderliebe und Friede. Jeder, aber auch Jeder, der zu uns gehört, hat im Sinne dieser drei Begriffe zu handeln. Wer auch nur ein einziges mal dagegen verstößt, muß als ehrlos aus dem Bunde scheiden. Dieser Bund erstreckt sich weit über China hinaus und wirkt ohne alles Geräusch, in tiefster Stille. Wir fragen nicht, wer oder was der ist, der Hilfe braucht, und bringen sie dem Feinde ebenso gern wie dem Freunde, womöglich ohne daß er es bemerkt. Am allerwenigsten fragen wir nach der Verschiedenheit der Religion. Nicht wer genau so denkt wie wir, sondern ein jeder Mensch, der uns nötig hat, soll unser Bruder sein, der Nächste neben uns, dem wir die Hand zu reichen haben. – So, das sei für heut. Und nun lassen Sie uns gehen, damit wir dann imstande sind, den Kranken aufzunehmen!"

Da reichte ihm der Governor die Hand und sagte:

„Mr. Tsi, wahrhaftig, Ihr seid ein ganzer Kerl! Sagt, raucht Ihr vielleicht?"

„Ja, zuweilen, wenn es paßt."

„So erlaubt mir, Euch eine meiner Tabakspfeifen zu schenken, sobald wir wieder auf die Yacht gekommen sind. Ich hoffe, wir rauchen mit einander noch manchen Kopf in Stücke!"

Da lachte Raffley lustig auf und rief:

„Aber Uncle, er ist ja ein Chinese! Was habt Ihr da getan!"

„Ach was Chinese!" antwortete der Gefoppte. „Er ist ja gar keiner! Sondern ein Gentleman, der mir gefällt! Nun kommt; wir müssen fort!" (Friede, S. 303-305)

Der Governor ist derjenige, der seine Vorurteile gegenüber andern Völkern revidieren muss. Er verachtet alles, was nicht britisch oder wenigstens europäisch ist. Schritt um Schritt lernt er den Ägypter Sejjid Omar und den Chinesen Tsi achten, bis er zum Schluss kommt, dass ein Gentleman nicht unbedingt Brite sein muss. Beim Governor geschieht diese Erkenntnis auf leichte Art, manchmal fast humorvoll dargestellt. Im Gegensatz zu ihm lernt Waller es nur durch Krankheit.

Das letzte Beispiel ist nochmals ein Gespräch zwischen Sejjid Omar und seinem Sihdi. Omar hatte zu einem früheren Zeitpunkt überlegt, was wohl herauskäme, wenn man einen Christen, einen Moslem und einen Heiden zusammenzähle und dann durch drei dividiere. Das Ich gab ihm keine Antwort, sondern forderte ihn auf selbst nachzudenken. Das ist die gleiche Art der Gesprächsführung wie bei Kara Ben Nemsi und Halef.

> „Ich habe es, Sihdi!"
> „Was?" fragte ich.
> „Das wirst du gleich hören! Also, ich habe sie zusammengezählt, den Christen, den Moslem und den Heiden. Das kam mir in den Sinn, als ich mit Reverend Heartman sprach; da lief ich fort. Ich hätte aber auch sitzen bleiben können, denn das Nachdenken ging viel schneller, als ich dachte; dann war ich sogleich fertig!"
> „Nun? Was kam heraus?"
> „Entweder gibt es gar keine Christen und gar keine Heiden, sondern bloß Menschen. Oder es gibt entweder nur Christen und nur Heiden, die aber auch alle Menschen sind. Also, ob es Nichts gibt, oder ob es Alles gibt, Menschen gibt es auf jeden Fall!"
> „So – –!" lachte ich. „Daß es Menschen gibt, und zwar auf jeden Fall, das wußte ich beinahe auch!"
> „Ja, aber nicht so, wie ich es meine!" behauptete er. „Ich bitte dich, mich anzuhören, aber nicht dazu zu lachen; das macht mich irr! Du hast mich die Worte von Isa Ben Marryam gelehrt, daß wir Gott lieben sollen, das ist das erste und das vornehmste Gebot, und daß wir unsern Nächsten lieben sollen, das ist diesem ersten Gebote ganz gleich. War diese Liebe zu Gott und zu dem Nächsten schon vor dem Erlöser da oder nicht?"
> „Es ist gewiß, daß es schon vor ihm Menschen gab, die Gott, und auch welche, die ihren Nächsten liebten."
> „Du sagst es, folglich ist es richtig! Und noch Eines: Wieviel Nächsten muß man lieben, um Christ zu sein?"
> „Jedenfalls alle, ohne Ausnahme, auch die Feinde!"
> „Ja. Wenn ich sie alle liebe, bin ich ein vollkommener Christ. Wenn ich nur Einen liebe oder nur einem einzigen Feinde Gutes tue, so bin ich auch ein Christ, allerdings nur für diesen Einen! Wenn der Heide auch nur einen einzigen Menschen liebt, einem einzigen Feinde verzeiht, so handelt er christlich. Und wenn der Christ nur einen einzigen Menschen haßt oder sich an einem einzigen Feinde rächt, so handelt er heidnisch. Es gibt keinen Menschen, der nicht wenigstens einmal liebt und nicht wenigstens einmal verzeiht. Und so hat es auch keinen Menschen gegeben und wird niemals einen geben, der nicht wenigstens einmal gehaßt und nicht wenigstens einmal seinem Zorn den Willen gelassen hat. Also die Menschen haben, schon gleich seit es welche gibt, und bis auf den heutigen Tag, alle zusammen, ohne Ausnahme, bald christlich und bald heidnisch gehandelt. Sobald sie Gutes tun, sind sie alle zusammen Christen, und sobald sie Böses tun, sind sie alle zusammen Heiden. Isa Ben

Marryam ist gekommen, um uns zu gewöhnen, niemals Böses zu tun, sondern immer nur Gutes. Das Böse kommt vom Teufel; das Gute kommt von Gott. Dazwischen steht der Mensch! Wer nichts als Gutes tut, der ist Gott. Wer nichts als Böses tut, der ist Teufel. Wer bald Böses und bald Gutes tut, der ist Mensch! Hierauf frage ich dich: Sind die Heiden Gottheiten oder Teufel? Keines von beiden! Was folgt hieraus? Daß sowohl die Christen als auch die Heiden bloß nur Menschen sind, die nichts Besseres tun können, als einander Gutes zu erweisen. Dadurch heben sie einander empor. Dadurch werden sie Gott immer ähnlicher. Das ist es, was Isa Ben Marryam wollte und was er lehrte. Dieses Streben, Gott zu lieben und sich ihm immer mehr zu nähern, indem man allen Menschen, sogar den Feinden, unausgesetzt nur Gutes erweist, ist die Religion, die er gründete, und die nach ihm genannt wird: Christentum! – – – So, das kommt heraus, wenn man einen Christen, einen Muhammedaner und einen Heiden zusammenrechnet und dann mit der Drei hineindividiert, nämlich ein Mensch. Und wieviel ist dieser Mensch wert? Das kommt ganz auf die Mischung an. Wenn ich dieses Exempel mache mit einem guten Heiden, einem guten Muhammedaner und einem schlechten Christen, so kommt noch ein Mensch heraus, der wenigstens zweimal besser ist als so ein Christ! Sihdi denke hierüber nach, ohne daß ich dich dabei störe! Ich gehe darum fort und lasse dich hier bei dem Koffer und bei allen deinen Sachen stehen!" (Friede, S. 592-595)

Sejjid Omar kommt also zum Schluss, dass es viel wichtiger ist, ein guter Mensch zu sein als eine bestimmte Religion zu haben. Ein guter Mensch sein heisst hier, alle Menschen zu lieben und ihnen zu helfen, wenn sie es nötig haben, ungeachtet ihrer Abstammung oder ihres Glaubens. Die Gespräche mit dem Governor und Sejjid Omar zeigen, wie beide allmählich zu dieser Kenntnis gelangen und ihre anerzogenen Vorurteile überwinden. Sejjid Omar wird vom Ich bewusst belehrt, während der Governor eher durch die Umstände belehrt wird und dem Ich seine Fehler offen eingesteht. Das Ich übernimmt für ihn die Rolle des Beichtvaters.

Die Häufigkeit der Dialoge erzeugt Unmittelbarkeit, so dass auch dieser Text einen stark mimetisch-fiktionalen Charakter hat. Die Dialoge beinhalten nur selten Lagebesprechungen o.ä., sondern in der Regel philosophische Fragen. Das führt manchmal soweit, dass aus dem Dialog ein Monolg wird, bei dem man den Zuhörer beinahe vergisst. Ein Beispiel dafür ist das Gespräch mit dem Chinesen Fang auf dem Schiff[54] von Colombo nach Penang. Fang erläutert dem Ich seine Ansichten über das Verhältnis von Ost und West, ohne vom Ich eine Antwort zu erwarten. Das Ich verliert kein Wort darüber, sondern nimmt einfach seine Arbeit wieder auf, als Fang sich verabschiedet. Die Dialoge fördern nicht mehr die Handlung, sondern sind die eigentlichen Handlungen, auf die es ankommt. Alle wichtigen Themen des Buches werden in Dialogen dargestellt. Äussere Handlungen sind nebensächlich, gerade gut genug, um ein neues Gespräch auszulösen.

3.7.3 Innerlichkeit

Innerlichkeit wird wie bereits in den andern Werken genau so selten mit den entsprechenden erzählerischen Mitteln berichtet. Das häufigste Mittel ist auch hier die stumme Sprache, die meistens zusammen mit den Dialogen auftritt und diese illustriert. Die Fi-

---

54 Friede, S. 168-180

guren reden über ihre Gedanken und Gefühle, so der Governor und Sejjid Omar, denen das erlebende Ich bereitwillig zuhört. Es übernimmt wie oben erwähnt die Rolle eines Lehrers und Beichtvaters. Auch Waller redet während seiner Krankheit. An dem, was er sagt, kann der Arzt Tsi feststellen, wie weit er schon auf dem Weg der Besserung ist. Die Innerlichkeit Wallers wird in Selbstgesprächen, die vom als Nachtwache dabeisitzenden Ich mitgehört werden, dargestellt. Die stumme Sprache wirkt auch hier wie Regieanweisungen im Drama.

Ein Beispiel für Innerlichkeitsbericht möchte ich erwähnen. Das Ich träumt einmal[55]. Dieser Traum ist nur kurz, doch er hat Folgen, denn das Ich erwacht davon, und beim Nachdenken über den Traum entstehen die ersten Zeilen des Gedichts, das Omar am Morgen aus dem Fenster wirft und Mary Waller auf der Strasse findet und aufbewahrt.

3.7.4 Der Ich-Erzähler

Das erzählende Ich mischt sich ebensowenig wie in den andern Erzählungen in die Handlung ein. Es meldet sich mit Tempuswechseln und indirekten Leseranreden auf der Erzählerebene etwa in der gleichen Häufigkeit wie in den andern Werken. Längere Kommentare auf der Erzählerebene finden sich kaum und längere Abhandlungen über Gott und die Welt wie in *Am Jenseits* keine. Nur ein längerer Abschnitt, der eindeutig dem erzählenden Ich zuzuordnen ist, findet sich am Anfang des fünften Kapitels[56]. Es handelt sich um den Abschnitt über die Entstehung des Buches und die daran geknüpften Überlegungen über das bisher Erzählte, welche vom Glockengeläut und dem Orgelspiel der nahe gelegenen Kirche untermalt werden. In diesem Abschnitt lehnt sich die Fiktion so eng an die Realität, dass die Identität von Ich-Erzähler und Autor bestätigt scheint. Dieser Eindruck wird dadurch verstärkt, dass der Ich-Erzähler Karl May genannt wird, diesen Namen jedoch verschweigt, um nicht als der berühmte Reiseschriftsteller erkannt zu werden. Auch der nun zitierte Erzählerkommentar trägt dazu bei.

> Ich weiß gar wohl, daß es Leute gibt, welche es dem Autor untersagen, in seinen eigenen Werken über diese Werke zu schreiben; aber wie ich als sogenannter Schriftsteller meine eigenen, vorher noch unbetretenen Wege gehe, so lasse ich mich auch in dieser Beziehung durch keinen literarischen Pfändwisch irretieren und bringe ohne Scheu, was ich zu bringen habe. Das erwähnte Buch von mir gehört zur Sache.
> (Friede, S. 294)

Das „erwähnte Buch" ist der Band *Am Jenseits*. Mary Waller und das erlebende Ich lesen darin während den Nachtwachen beim kranken Waller. Später liest dieser selbst darin. Obwohl das erzählende Ich hier vom „Autor" spricht, ist natürlich nicht der empirische Autor Karl May gemeint, sondern das erzählende Ich. Innerhalb der Fiktion hat das Ich die in *Am Jenseits* beschriebene Reise gemacht und niedergeschrieben und versetzt sich beim Lesen wieder in die damalige Stimmung[57]. Ausserdem ist spätestens seit *Weihnacht* in der Welt der Fiktion klar, dass der bürgerliche Name von Old Shatterhand/Kara Ben Nemsi Karl May lautet, seines Zeichens Reiseschriftsteller aus

---

55 ebd., S. 49
56 ebd., S. 490-496
57 ebd., S. 405

Deutschland. Inwieweit der empirische Autor Karl May an die Identität mit seinem Ich-Erzähler glaubte und inwieweit er die Illusion bewusst förderte, um für seine Erzählungen Authentizität zu beanspruchen, lässt sich nicht mehr sagen. Innerhalb der Fiktion ist kein Widerspruch feststellbar durch die Erwähnung anderer Werke, sondern bestätigt höchstens, dass das weitgehend namenlose Ich aus *Und Friede auf Erden* mit Kara Ben Nemsi identisch ist, diesen Namen aber offensichtlich genauso abgelegt hat wie seine Waffen.

3.7.5 Vermischung der Perspektiven

Auch in diesem Band findet sich das Demarkationsproblem, also die Vermischung von Kommentar des erzählenden und Gedanken oder Wahrnehmungen des erlebenden Ich. Ich habe zwei längere Beispiele ausgesucht, die ich im ersten Moment als Erzählerkommentare notiert hatte; erst beim zweiten Lesen merkte ich, dass man sie auch dem erlebenden Ich zuordnen kann. Beim ersten Beispiel sitzt das Ich auf einer Anhöhe über Kairo. Mary Waller und ihr Vater haben den Platz soeben verlassen.

So oft ich mich hier auf dieser Höhe befand, sah ich zwei Welten vor mir liegen, die aber in ihrem Zusammenhange doch nur eine einzige waren, und ebenso sah ich zwei Zeiten, welche durch die Jahrtausende getrennt zu sein scheinen, im jetzigen Augenblicke zu einer wunderbaren, ergreifenden Vereinigung zusammenfließen. Die Gegenwart ist unsere Vergangenheit gewesen und wird auch unsere Zukunft sein. Wer das begreift, der hat nicht nötig, das Innere der Pyramiden zu durchforschen, und braucht auch nicht vor den Rätseln der Sphinx zu bangen, deren Lösung er klar und deutlich in seinem Herzen trägt. Die Menschheit gleicht der Zeit. Beide schreiten unaufhaltsam vorwärts, und wie kein einzelnen Stunde ein besonderer Vorzug gegeben worden ist, so kann auch kein Mensch, kein Stand, kein Volk sich rühmen, von Gott mit irgend einer speziellen Auszeichnung begnadet worden zu sein. Eine hervorragende Periode ist nur das Produkt vorangegangener Zeiten, und es gibt in der Entwicklung des Menschengeschlechtes keine Geistesrichtung oder Geistestat, welche aus sich selbst heraus entstanden wäre und der Vergangenheit nicht Dank zu zollen hätte. Die Weltgeschichte, welche wir ja das Weltgericht nennen, hat bisher noch jedes Kapitel der Selbstüberhebung mit einem bestrafenden Schluß versehen und diesen Akt der Gerechtigkeit zur Warnung für spätere Generationen in der ernsten, eindringlichen Sprache der Ruinen aufbewahrt. Und diese sprechenden, ja predigenden Ruinen haben uns die Lehre zu erteilen, daß, was im Oriente für uns gestorben ist, im Abendlande für ihn wieder auferstehen soll.

Das war ganz derselbe Gedanke, dem die Tochter des Amerikaners nur einen andern Ausdruck gegeben hatte, als sie von dem schlafenden Prinzen sprach, welchen eine abendländische Jungfrau aufzuwecken habe. Und wie einverstanden war ich mit ihrer Frage: „Was bringe ich mit?" Wollen wir ehrlich sein, so müssen wir zugestehen: Wer nach dem Morgenlande kommt, der will ihm nicht etwa dankbar sein, sondern noch mehr, immer mehr von ihm haben, als er schon bekommen hat. Der Osten hat gegeben, so lange und so viel er konnte. Wir haben uns an ihm bereichert fort und fort; er ist der Vater, der für uns und an uns arm geworden ist. Denken wir doch endlich nun an unsere Pflicht!

Wir ahnen gar nicht, welche geistigen Summen wir ihm schuldig sind. Wir werden sie ihm, und zwar mit Zinsen, zurückzahlen müssen, gleichviel, ob wir wollen oder nicht. Die Vorsehung ist gerecht. Sie gibt Kredit, doch nicht für ungezählte Generationen oder gar für Ewigkeiten, und wird weder die Bakschischgaben zudringlicher Touristenströme noch die Kurspapiere europäischer Geldgeschäfte, am allerwenigsten aber die aus unseren sogenannten Interessensphären erhofften materiellen Werte als gültige Zahlung anerkennen.

Was haben wir dem Orient bis heute gebracht? Was für Schätze glauben wir überhaupt ihm bringen zu können? „Ich bringe ihm meine Liebe, meine ganze, ganze, volle Liebe", hatte die Amerikanerin gesagt, ohne sich dabei bewußt zu sein, daß nur und grad diese Liebe die erlösende Jungfrau ist, welche den schlafenden Prinzen zu neuem Leben zu erwecken hat. – – (Friede, S. 23-25)

Der grösste Teil des Textes steht im Präsens, ist also eigentlich ein Zeichen für das erzählende Ich. Doch mitten drin steht der Satz „Das war ganz derselbe Gedanke". Also sind es die Gedanken des erlebenden Ich. Diese stehen, wenn es sich um einen direkten Gedankenbericht handelt, auch im Präsens. Es wäre in diesem Fall ein direkter Gedankenbericht ohne Inquitformel oder, da sich das erlebende Ich hier als meditierender Reflektor erweist, ein innerer Monolog. Diese Lesart wird unterstützt durch den einführenden Satz des Zitats, in dem die Worte „hier" und „im jetzigen Augenblicke" eindeutig auf die Perspektive des erlebenden Ich verweisen.

Das zweite Beispiel ist die Beschreibung eines Sonnenaufgangs auf hoher See.

[…] wir flogen auf einer wunderbaren See dem herrlichen Ceylon zu. Ich bin gern bereit, bei einer Personifikation der Meere zu einer Schönheitskonkurrenz den ersten Preis dem Roten Meere zuzuerkennen, denn ich habe es, so oft ich es durchfuhr, so schön wie kein anderes gefunden, doch heute wurde von dem glänzendsten Tag des Orientes die Vermählung der arabisch-persischen See mit dem indischen Ozean gefeiert, und der Himmel hatte seine sanftesten Lüfte gesandt und sein reinstes, strahlendstes Licht über diese friedliche Vereinigung ausgegossen.

Blau und wonnig, wie das aus dem Herzen gestiegene Glück in einem selig lächelnden Menschenauge, so sah uns jede, die Wangen unsers Dampfers küssende Woge an, um nach diesem Kusse an die Brust der See zurückzusinken. Ein aus regelmäßigen Maschen bestehendes Brautgewand bildend, zogen diamantene Fäden sich, so weit der Blick nur reichen konnte, über die schwellenden Wasser, welche wie von den leisen Atemzügen eines friedlich Schlafenden sich hoben und sich wieder senkten. Der Morgen war schon angebrochen, und nun ging auch die Sonne auf, nicht mit Nebeln und irdischen Dünsten kämpfend, sondern plötzlich, mit einem Male, wie einer der Engel des Lichtes, welcher die Tür des Himmels öffnet und in voller, majestätischer Gestalt hervortritt, um der Schöpfung seines Herrn und Meisters den göttlichen Segen zu erteilen. Und da floß er herbei, dieser Segen vom ewig jung bleibenden Osten her, eine unendliche, überwältigende Fülle des Lichtes, eine unerschöpfliche Flut von Strahlen, dem Tage als Erhörung des Gebets der Nacht gesandt! Vom Sonnenpunkt am Horizont beginnend und nach Nord und Süd immer breiter werdend, war für uns eine aus flüssigen Brillanten gegossene, funkelnde Bahn gezeichnet, auf deren Mitte wir der Spenderin dieser Pracht und Herrlichkeit gerad entgegenfuhren. Hatten wir die Erde verlassen, und war Ceylon jene oft besungene und doch vergeblich ersehnte „Insel der Seligen" für uns? Wie habe ich dich lieb, so unendlich lieb, du See, du Meer, du Ozean! Du ziehst in deine Tiefen, damit ich frei von ihm werde, was an mir schwer und irdisch ist, und trägst mich nach der anderen Welt, nach jenem aus dem Gottvertrauen emporragenden Ufer, wo zwischen den Bergen des Glaubens der Weg empor nach meiner Heimat steigt!

Man bezeichne solche Gefühle ja nicht als überschwänglich! Wer die See nicht kennt, der ahnt nicht, wie mächtig sie auf jeden Menschen wirkt, der seiner Seele noch nicht verboten hat, mit ihr zu sprechen. Und wer da meint, während einer kurzen Fahrt nach Kopenhagen oder Helgoland das Meer kennen gelernt zu haben, der irrt sich sehr. Ich kenne Seekapitäne, welche den Atlantischen nach ihrem eigenen Ausdrucke „wie ihr Waschbecken kannten" und mit voller Wonne für ihn schwärmten, dann aber bei ihrer ersten Fahrt von Suez nach China oder Australien begeistert eingestanden, daß der bisher geliebte „alte Heringsteich" im Vergleich mit jenen südlichen Meeren eben nur als Heringsteich bezeichnet werden könne. Die Wassermasse an sich tut es freilich nicht. Es ist der Süd; es ist der Ost, und es ist die Nähe des Aequators. Auch wirken noch andere Ursachen, denen auf die Spur zu kommen, man sich wohl vergeblich bemühen würde. Aber sie kommt; sie ist da, diese Wirkung, und ich bin so glücklich darüber, daß es mir wiederholt beschieden gewesen ist, mich ihr von ganzem Herzen hingeben zu können. (Friede, S. 107-109)

Mit „Ich bin gern bereit" beginnt ein Kommentar des erzählenden Ich. Mitten im Satz „doch heute wurde" wechselt die Perspektive zum erlebenden Ich. Es ist der wahrnehmende Reflektor, der die Bewegungen des Wassers und das Spiel der Farben wahrnimmt und in seinem Bewusstsein Vergleiche zieht. Das zeigt sich durch den Gebrauch von Worten wie „uns", „nun" und „herbei", die alle auf die Perspektive des erlebenden Ich deuten. Die Frage „Hatten wir die Erde verlassen?" ist eine erlebte Rede, der ein direkter Gedanenbericht ohne Inqiutformel folgt. Im neuen Abschnitt wechselt die Perspektive wieder zum erzählenden Ich, denn die Wendungen „Man bezeichne" und „Wer die See nicht kennt" sind indirekte Leseranreden. Das erzählende Ich verteidigt mit seinem Kommentar den Gefühlsausbruch des erlebenden Ich.

Das Ergebnis der Analyse zeigt auch in diesem Buch den stark mimetisch-fiktionalen Charakter des Textes. Dieser entsteht auch hier vor allem durch die Häufigkeit der Dialoge, die für sich genommen wie ein Drama wirken. Die wenigen Inquitformeln werden zum epischen Präteritum und die stumme Sprache zu Regieanweisungen. In den Dialogen werden alle wichtigen Themen des Buches dargestellt. Der Ich-Erzähler ist zurückhaltend und verschwindet an gewissen Stellen ganz. Wenn er auftaucht, ist die Gefahr der Verwechslung mit dem Autor gross. Die Innerlichkeit der Figuren wird in den Dialogen thematisiert. Durch den philosophisch-psychologischen Inhalt der Dialoge ist dieses Buch ein psychologischer und kein Handlungsroman. Was in *Am Jenseits* und im *Silberlöwen III* und *IV* schon angebahnt wurde, nämlich die Verschiebung des erlebenden Ich vom Helden im Mittelpunkt zum Chronisten am Rand des Geschehens, findet hier seine volle Ausprägung. Das erlebende Ich ist die beobachtende und meditierende Reflektorfigur an der Peripherie der Ereignisse. Die wichtigen Handlungen und die wichtigen Gespräche werden von andern geführt. Die Rolle des Ich beschränkt sich in der Regel aufs Zuhören. *Und Friede auf Erden* ist also eine periphere Ich-Erzählung.

3.8 Ardistan und Dschinnistan

3.8.1 Entstehung und Aufbau

Ardistan und Dschinnistan ist von November 1907 bis September 1909 in der Zeitschrift ‚Deutscher Hausschatz' abgedruckt worden. Die Buchfassung erschien 1910. Karl May hat sie gegenüber der Zeitschriftenfassung geändert und gekürzt. Da die Buchfassung von Fehsenfeld als die authentische Fassung gilt[58], habe ich diese untersucht. Die beiden Bände sind in fünf bzw. acht Kapitel eingeteilt.

Ardistan und Dschinnistan beginnt „in Sitara, dem in Europa fast gänzlich unbekannten ‚Land der Sternenblumen'"[59]. Beide Bände umfassen eine in sich geschlossene Handlung in einem abgeschlossenen, utopischen Raum. Kara Ben Nemsi wird auf eine Mission geschickt, die ihn von Sitara weg nach Ardistan und Dschinnistan führt. Er reitet auf Syrr vom Sumpfland der Ussul durch die Wüste der Tschoban nach Ardistan und von da hinauf zu den Bergen von Dschinnistan. Kara Ben Nemsi wird zunächst nur von Halef Omar begleitet, aber nach und nach kommen immer mehr Leute hinzu, bis er mit einem ganzen Siegeszug an der Grenze zu Dschinnistan eintrifft. Doch nicht nur die Art der Reise hat sich gegenüber den Reiseerzählungen geändert. Auch Kara Ben Nemsi ist nicht mehr der gleiche. Damit meine ich nicht das Alter, denn dieses wird nicht erwähnt, es lässt sich nur daran abschätzen, dass diese Erzählung nach dem *Silberlöwen* stattfindet. Viel auffallender scheint mir, dass Kara Ben Nemsi auf eine Mission geschickt wird. Bisher hat er sich seine Aufgaben immer selbst gesucht. Hier nun überträgt ihm Marah Durimeh die Aufgabe. Sie gibt ihm die Anweisungen, und sie gibt ihm einen Schutzschild mit, an dem ihn seine Verbündeten erkennen werden als den Gesandten Marah Durimehs. Ausserdem ist Kara Ben Nemsi nur am Anfang der Reise der Mittelpunkt. Mit der Zeit wird er immer mehr zum Berater, der das Handeln den anderen überlässt. Er wird immer mehr zum ausschliesslichen Chronist der Ereignisse. Er ist der Auslöser von Ereignissen, die von langer Hand vorbereitet wurden und durch sein Erscheinen ihrem guten Ende zugeführt werden. Bis zum Sieg über die Tschoban und die Dschunub an der Landenge von Chatar ist Kara Ben Nemsi derjenige, der die Fäden in der Hand hat. Doch bei der Weiterreise wird aus dem Helden Kara Ben Nemsi allmählich der reflektierende Beobachter. Er entdeckt Dinge, die lange vorbereitet waren, aber nicht für ihn, sondern für die Leute von Ardistan und Dschinnistan. Die handelnden Personen sind immer häufiger auftretende Dschinnistani wie Abd el Fadl mit seiner Tochter Merhameh und der Schech el Beled von El Hadd.

3.8.2 Dialog

Im ersten Band sind 52% des Textes Dialoge, im zweiten Band jedoch nur 44%. Dies erklärt sich damit, dass im zweiten Band viel häufiger ausführliche Beschreibungen zu finden sind und gegen Ende in raffender Form Handlung berichtet wird. Die Dialoge haben auch in diesem Werk verschiedene Bedeutungen. Es gibt zuweilen heitere Dialoge, an denen in der Regel Halef Omar beteiligt ist. Ich möchte ein Beispiel zitieren.

---

58 Ueding, Karl-May-Handbuch, S. 309
59 Ardistan I, S. 1

„Das schadet nichts!" tröstete Halef [den Mir]. „Auch die Unwissenheit ist eine ganz
hübsche Sache. Sie nützt dem Menschen zuweilen mehr als alles Wissen. [...], daß
du unwissend bist, das schadet nichts, denn ich bin es auch. Ich und mein Effendi haben uns noch in viel, viel schlimmeren Lagen befunden, als unsere heutige ist, und
doch sind wir stets glücklich entkommen. Wir werden uns auch hier zu helfen wissen, und wie wir das anzufangen haben, das wird uns jetzt mein Sihdi sagen; paß
auf!"
„Warum willst denn du es nicht sagen?" fragte ich ihn [...] ein wenig ironisch.
„Weil ich es nichts weiß!" antwortete er.
„So! Aber ich? Ich soll und muß es wissen?"
„Allerdings!"
„Warum?"
„Es ist deine Pflicht! Du hast mich einmal so daran gewöhnt, daß du nachdenkst, ich
aber führe es aus. Alle großen und berühmten Heldentaten, die man von uns erzählt,
sind in deinem Gehirn entsprungen. Von da sprangen sie dann zu mir herüber, in
meine Arme und Beine. Da sind sie zur Tat geworden und hinaus in alle Welt gegan-
gen. So soll es auch jetzt sein. Denke nur nach, Sihdi! Was du ersinnst, das machen
wir!"
„Könnte es denn nicht zur Abwechslung auch einmal so sein, daß ihr nachdenkt und
ich führe es dann aus?"
„Nein; das geht nicht. Wir sind vier Personen, und du bist nur eine. Du kannst unmöglich das Alles ausführen, was wir ersinnen würden. Es mag also bleiben, wie es
stets gewesen ist."
[...] Ich ging auf seine Ansicht ein, indem ich beistimmte:
„Nun gut! Ich will versuchen, deine Wünsche zu erfüllen." (Ardistan II, S. 295-296)

Dieses kleine Wortgeplänkel ist eines von wenigen. Sie sind nicht mehr so häufig wie
in früheren Erzählungen. Kara Ben Nemsi kann Halef Omar auch ordentlich
zurechtweisen, wie das folgende Beispiel zeigt:

„Wie kann man sich nur so hersetzen und die Hände in den Schoß legen wie du, Ef-
fendi!" rief er mir zu. „Siehst du denn nicht, wie wir uns alle plagen?"
„Habe ich dir befohlen, dich zu plagen?" fragte ich ihn.
„Nein," antwortete er.
„So mach deine Vorwürfe dir, aber nicht mir!"
„Aber es muß doch Etwas geschehen! Man muß doch Etwas tun! Wir arbeiten! Du
aber tust nichts, gar nichts!"
„Oho!" lachte ich. „Ich überlege!"
Da stemmte er seine beiden Hände in die Seiten und sprach:
„So! Du überlegst! Und machst dazu ein so dummes Gesicht, daß es mir angst und
bange um dich wird! Siehst du denn nicht ein, daß es zu gar nichts führen kann, mit
einem derartigen Gesicht zu überlegen? Wenn das Nachdenken eines Menschen ei-
nen Erfolg haben soll, so darf er dazu nicht das Gesicht eines Schafes oder eines
Wasserfrosches machen! Ich habe dir zwar gesagt, daß das Ueberlegen deine und
dann die Ausführung meine Sache ist, aber wenn du beim Ueberlegen nicht wenigstens ein ebenso pfiffiges Gesicht machst wie ich bei der Ausführung, so ist es am
Besten, wir vertauschen unsere Rollen, nämlich ich überlege und du führst aus!"
„Gut! Schön! Einverstanden, lieber Halef! Setze dich! Setze dich sofort hierher! Auf
die Stelle, wo ich gesessen habe! Und überlege du einmal! Du wirst es schneller und
besser fertig bringen als ich! Und wenn du fertig bist und es gefunden hast, dann
komme ich wieder und führe es aus!"

Ich nahm ihn an beiden Armen und drückte ihn auf dieselbe Stelle nieder, an der ich soeben gesessen hatte.

„Aber, Effendi, So ist es doch nicht gemeint!" rief er aus. „Ich wollte doch nur sagen, daß – – –"

„Still!" unterbrach ich ihn. „Still! Nicht auf das, was du sagen wolltest, kommt es hier an, sondern auf das, was du gesagt hast! Und du hast gesagt, daß du mit mir die Rolle vertauschen wolltest. Du wolltest überlegen und ich solle dann ausführen, was du gefunden und beschlossen hast! So hast du gesagt, und so mag es geschehen!"

„Aber, Sihdi, du weißt doch, daß ich gerade im Ueberlegen keineswegs so geübt bin, wie in andern Dingen, und daß ich – – –"

„Still," fiel ich ihm abermals in die Rede; „sei still! Daß du im Ueberlegen nicht bewandert bist, das sieht man dir ja sofort an; aber du wirst dich sehr schnell in meine Rolle finden. Wenn wir einen Spiegel hätten, könnte ich dir zeigen, wie rasch und vollständig du dich schon in das Schaf- und Wasserfroschgesicht gefunden hast. Es wird sogar Leute geben, welche behaupten, daß du mich hierin schon weit übertriffst. So bin ich überzeugt, daß du mich auch in Beziehung auf das Nachdenken sehr bald überholen wirst. In einer halben Stunde wirst du fertig sein. Da komme ich wieder. Bis dahin, lebe wohl!" [...]

„So willst du mich verlassen, Sihdi?" fragte der so unerwartet beim Wort Genommene. „Hast du dir auch die Folgen überlegt?"

„Nein, denn das Ueberlegen ist ja nun nicht mehr meine, sondern deine Sache! Also, lebe wohl!" (Ardistan II, S. 347-349)

Kara Ben Nemsi ist hier überraschend streng mit Halef Omar. Zum einen kann er natürlich die Beleidigungen Halefs nicht ungerügt lassen und zum andern steht er unter enormem Erwartungsdruck. Alle Anwesenden erwarten von ihm, dass er in die Geheimnisse der Totenstadt und des Maha-Lama-Sees eindringt, aber keiner gönnt ihm die dazu nötige Zeit zu überlegen. Kara Ben Nemsi durchschaut nicht mehr auf Anhieb alle Absichten und Hintergründe. Aber Halefs Vertrauen in ihn wird natürlich nicht enttäuscht.

Die meisten Gespräche in *Ardistan und Dschinnistan* beinhalten ernste und wichtige Sachen. Es werden dem Ich die drei für das Verständnis der Ereignisse wichtigen Sagen erzählt. Halef Omar erzählt ihm die Sage vom verschwundenen Fluss des Friedens[60], und der Mir erzählt die Sage vom Stern von Bet Lahem[61] mit ihrer Weissagung und diejenige von der Entstehung des Maha-Lama-Sees[62]. Alle drei Sagen sind letztlich miteinander verknüpft. An jede Erzählung knüpft sich ein Gespräch an, das der Erzähler der jeweiligen Sage mit Kara Ben Nemsi über den Wahrheitsgehalt der Sage führt. Vor allem auf den Mir machen diese Gespräche einen nachhaltigen Eindruck. Sie werden zum Anstoss für seine Bekehrung. Kara Ben Nemsi geht in der Erfüllung seiner Mission, den Mir von einem Gewaltmenschen in einen friedliebenden, geistig hochstehenden Fürsten zu verwandeln nicht eben zimperlich mit ihm um. Er wird mit seinen Predigten für den Mir zum Schmied in der Geisterschmiede. Doch Kara Ben Nemsi ist nicht herzlos. Er sieht, welche inneren Kämpfe der Mir führt, und rechnet sie ihm hoch an. Er freut sich für den Mir, wenn es diesem Stück für Stück gelingt, sich selbst zu überwinden. Ich möchte hier auch ein Zitat bringen zur Illustration. Die meis-

---

60 ebd., S. 216-224
61 Ardistan II, S. 116-119
62 ebd., S. 308-311

ten sind viel zu lang und ziehen sich über einige Seiten hin. Das folgende ist eines der kürzeren Gespräche zwischen dem Mir und Kara Ben Nemsi. Der Mir beginnt:

„Verzeih, daß ich dich nochmals störe! Ich habe dir etwas außerordentlich Wichtiges zu sagen."

„Ist es etwas Gutes?"

„Sogar etwas sehr Gutes! Kannst du dich auf den großen, herzlichen Wunsch erinnern, den ich hatte […]?"

„Ja; ich besinne mich."

„Nun, welcher Wunsch war es?"

„Der Wunsch beten zu können."

„Ja, der, der war es! Und denke dir, Effendi, ich habe gebetet!"

„Darf ich das glauben?"

„Ja, glaube es! Gern gebe ich zu, daß es fast unglaublich ist, aber es ist dennoch geschehen, dennoch! Kannst du dir denken, was das heißt, der Mir von Ardistan hat gebetet? Weißt du, was das für einen Gottessieg bedeutet?"

„Einen Gottessieg? Wie meinst du das?"

„Einen Sieg Gottes."

„Ueber wen?"

„Ueber wen, fragst du? Natürlich über mich und meinen Unglauben!"

„Armer, armer Teufel!" antwortete ich in meinem mitleidigsten Tone.

„Wen meinst du mit diesem armen, armen Teufel?"

„Dich natürlich, dich!"

„Warum?"

„Weil du einer bist, und zwar einer der aller-, allerärmsten, die es gibt!"

„Ich verstehe dich nicht! Ich fühle mich so reich, so überreich. Ich habe dir das aufrichtig gesagt. Und anstatt mich reich und glücklich zu preisen, nennst du mich einen armen, armen Teufel. Warum?"

„Weil dich dein Glück nicht demütig, sondern hochmütig macht." […]

„Hochmütig? Wieso? Ich wüßte nichts davon?"

„Wirklich nichts. Hast du dich nicht soeben Gott gleichgestellt?"

„Gott gleichgestellt? Ich? Mich? Bist du bei Sinnen, Effendi?"

„Bei sehr guten Sinnen! Hast du nicht soeben behauptet, Gott habe dich besiegt?"

„Ja. Das tat ich allerdings."

„Jeder Sieg setzt aber einen Kampf voraus?"

„Allerdings. Oder ist es vielleicht nicht wahr, daß ich gegen Gott gekämpft habe, daß ich von Gott nichts wissen wollte?"

„Armer, armer Teufel! Und da nimmst du an, daß Gott gezwungen gewesen sei, mit dir zu kämpfen? Die Wolke, die sich auflösen muß, prahlt, sich mit der Sonne gemessen zu haben! Ein Stück Holz, welches zu Asche verbrennt, rühmt sich knisternd, es ringe mit dem Feuer auf Leben und Tod! Der sterbende Kranke ruft protzig aus, der Tod könne sehr stolz darauf sein, so einen Mann wie ihn besiegen zu dürfen! Soll ich dir noch mehrere Beispiele, noch mehrere Vergleiche bringen? Welcher Grund liegt für dich vor, so stolz darauf zu sein, daß du endlich, endlich einmal gebetet hast? Und aber noch Eins, und dieses Eine bedenke gar wohl: Selbst wenn du die Sünden der ganzen, ganzen Welt auf dich nähmst, so läge doch keine Veranlassung vor, dich dessen auch nur im allergeringsten zu rühmen. Solcher Erlöserstolz ist Wahnsinn, weiter nichts! Sünden zu tun und Sünden zu vertreten, bringt keine Ehre. Und je mehr du Sünden auf dich nimmst, um so weniger darfst du erwarten, daß man dich dafür ehre! Wenn du wieder betest, so bitte Gott um Bescheidenheit! Diesen Rat gibt dir der aufrichtigste Freund, den du auf Erden hast. Gott kämpft mit keinem Geschöpf, und sei es der allerhöchste seiner Engel. Wie Jemand, wenn ein Wurm sich krümmt, behaupten kann, Gott liege im Kampfe mit ihm, das ist mir unfaßbar! Gute Nacht!"

Er antwortete nicht. […] Erst nach langer Zeit klagte er:

„Es ist ein Elend mit dir, Effendi, ein Elend! Man hat dich lieb, aber du bist so grob, so ungeheuer grob! Und gerade, wenn man sich einmal wohl fühlt, bekommt man einen Hieb von dir, sei er groß oder sei er klein!"

„Ja, das ist richtig: Gerade wenn man sich am wohlsten fühlt, stürzt man am leichtesten vom Pferde! Und du warst auf ein sehr großes und sehr hohes Pferd gestiegen. Man kämpft doch nur mit seinesgleichen. Wer gegen die Natur lebt, darf nicht glauben, daß die Natur gegen ihn kämpfe, sondern er selbst kämpft gegen sich selbst, und dafür wird die Natur ihn richten und strafen. Genau so ist es auch mit deinem vermeintlichen Kampfe zwischen dir und Gott. Denke hierüber nach. Das sind Tiefen, aus denen du noch Tausende von Gedanken schürfen kannst, wie man Metalle aus der Erde fördert. Nun gute Nacht!"

Wieder antwortete er nicht, und ich war fast am Einschlafen, als ich ihn sagen hörte:

„Effendi, vielleicht war es doch nicht grob von dir, sondern nur aufrichtig, vielleicht gar sehr gut gemeint!"

Nun war ich es, der nicht antwortete. Da klang es halblaut zu mir herüber:

„Nun schläft er schon! Gute Nacht, du böse, rauhe, liebe Offenherzigkeit!"

(Ardistan II, S. 434-437)

Kara Ben Nemsi zeigt wirklich eine Offenheit, die fast beleidigend ist. Doch der Erfolg gibt ihm recht. Diese Art der Dialoge findet sich oft in *Ardistan und Dschinnistan*. Kara Ben Nemsi setzt bewusst seine Freundschaft mit dem Mir auf das Spiel, um diesen zu läutern. Da der Mir ein edler Mensch ist, kann er die Vorwürfe annehmen, sich bessern und Kara Ben Nemsi dafür dankbar sein. Eine solche Umwandlung eines Gegners in einen Freund fast nur durch Gespräche ist bei Karl May einzigartig. Wenn Bösewichte verwandelt werden können, dann in der Regel nur durch Taten oder Naturkatastrophen.

Durch die Dialoge entsteht wiederum Unmittelbarkeit, die gegen Ende des zweiten Bandes einer zunehmenden Mittelbarkeit weicht, da dort vor allem Ereignisse berichtet werden. Der Inhalt der Dialoge ist sehr unterschiedlich. Vom harmlosen Wortgeplänkel über Lagebesprechungen bis zu philosophischen Diskussionen ist alles zu finden.

3.8.3 Innerlichkeit

Die erzählerischen Mittel zur Darstellung der Innerlichkeit benutzt Karl May so selten wie in den anderen Werken. Ungefähr ein Dutzend Gedankenberichte auf einen Band verteilt, die sich in der Regel auf das erlebende Ich beziehen. Berichtete erlebte Rede findet sich hie und da und bezieht sich meistens ebenfalls auf das erlebende Ich oder ein Kollektiv. Innerlichkeitsberichte finden sich im Durchschnitt alle fünf Seiten und werden vor allem für das erlebende Ich verwendet. Belegstellen für stumme Sprache treten im Schnitt alle zwei Seiten und meistens in Begleitung von Dialogen auf. Dieser Befund ist der gleiche wie in den anderen Werken. Trotzdem bleibt dem Leser der Eindruck, dass er mehr von der Innerlichkeit anderer Figuren erfährt als in früheren Erzählungen. Das liegt daran, dass in diesem Werk sehr viel von seelischen und geistigen Zuständen gesprochen wird. Vor allem der Mir von Ardistan redet mit dem erlebenden Ich sehr viel darüber. Dadurch wird das erlebende Ich notwendigerweise zum Vertrauten der anderen. Man kann es auch umkehren und sagen, nur weil das Ich das Vertrauen der andern besitzt, erfährt es soviel über deren Befindlichkeit. Das eine setzt das andere voraus und umgekehrt.

Auf etwas möchte ich noch näher eingehen: die Träume. Das Ich träumt. Es wird auf gerade einer Seite beschrieben[63]. Es träumt, wie es selbst Teil der Sage vom verschwundenen Fluss wird, die ihm Halef Omar vor dem Einschlafen erzählt hat. Das Ich wird im Traum darauf angesprochen, dass es schläft und erwacht darüber. Es ist kein so ausführlicher Traum wie im *Silberlöwen IV*. Die Sage wurde dem Ich und dem Leser gerade eben von Halef Omar erzählt. Es ist also für das erzählende Ich nicht notwendig, die ganze Geschichte nochmals als Traum zu erzählen. Trotzdem ergreift das Ich auch in diesem Traum die Initiative und will etwas erforschen und bewirken. Doch der Pförtner im Traum belehrt es, dass das nur im wachen Zustand möglich sei. Kara Ben Nemsi ist in diesem Traum also nur Zuschauer. Ich erwähne dies deshalb, weil es mir für die Rolle, die Kara Ben Nemsi in der ganzen Geschichte einnimmt, bezeichnend scheint.

Der andere Traum, der erwähnt wird, wird vom Mir von Ardistan erzählt. Es ist derjenige Traum, der sich in seiner Familie vererbt hat. Doch bei ihm findet der Traum tatsächlich statt, und alle Anwesenden sind Teil davon. Die ganze Gerichtsverhandlung wirkt sehr mysteriös, da der Richter und die zwei Mitangeklagten des Mir schon lange tot sind, aber für die Verhandlung wieder lebendig werden. Kara Ben Nemsi untersucht zwar die Toten nach der Verhandlung, aber auch er kann nicht entdecken, wie so etwas möglich war.

3.8.4 Der Ich-Erzähler

Erzählerkommentare auf der Erzählerebene sind im Durchschnitt alle 20 Seiten zu finden. Manche weisen eine Besonderheit auf, die so in den anderen Werken kaum zu finden ist, zumindest nicht in dieser Häufigkeit. Ich werde es mit folgenden Beispielen illustrieren.

> Meine Erzählung beginnt in Sitara, dem in Europa fast gänzlich unbekannten „Land der Sternenblumen" […]. (Ardistan I, S. 1)

Das könnte genauso gut ein Erzählanfang einer Er-Erzählung sein mit einem allwissenden Erzähler, der ein Märchen erzählt. Es erinnert mich sehr an das „Es war einmal …", mit dem Märchen beginnen. Hier bei Karl May ist es aber das uns wohlbekannte erzählende Ich, das auf den ersten drei Seiten der Geschichte wie ein allwissender Er-Erzähler auftritt. Diese Annäherung an den allwissenden Erzähler findet man auch gegen Schluss des zweiten Bandes wieder, wo das erzählende Ich selbst die Geschichte deutet.

> Denn, aufrichtig gesagt, ist doch wohl ein jeder Mensch in Beziehung auf das, was er innerlich zu leben und zu kämpfen hat, ein größerer oder kleinerer Mir von Ardistan, der zwischen dem unsichtbaren Mir von Dschinnistan und dem Verräter ‚Panther'

---

63   Ardistan I, S. 225

um den leeren Titel kämpft, den nur derjenige auszufüllen vermag, der den Letzteren durch den Ersteren bezwingt. (Ardistan II, S. 415)

Ich lernte in dieser Zeit mehr als je erkennen, wie leicht es einem Jeden, der guten Willen und offene Augen hat, gemacht wird, das höhere Leben im niederen Leben vorgebildet zu sehen. Daß der Gewaltmensch sich zum Edelmenschen emporzubilden habe, ist eines meiner Ideale. Dazu gehört vor allen Dingen, daß das Niedrige in uns, das Tierische, überwunden wird. Tausende klagen, das sei so schwer. Sie haben Recht und doch auch wieder nicht Recht. Man suche die ,Schwarzgewappneten' des Mir von Dschinnistan, welche die Bestie in uns, den ,Panther', nach dem Dschebel Allah zu locken verstehen. Man bitte um die Panzerreiter von El Hadd und Halihm, die den Empörer in uns aufstören und vorwärtstreiben, ihn jagen und nicht zur Ruhe kommen lassen, bis er, militärisch ausgerückt, von seiner Operationsbasis völlig abgeschnitten ist und dann nur noch das Eine vor sich hat, an sich selbst zu Grunde zu gehen. Wer den rechten Weg gefunden hat, solchen Hilfstruppen zu begegnen, also den Weg zu Gott, dem wird es fortan leicht, mit dem ,Panther' zum Abschluß zu kommen. (Ardistan II, S. 544)

Das erzählende Ich handelt wie ein Märchenerzähler, der zum Schluss der Fabel auch gleich die Moral der Geschichte gibt. Für einen Ich-Erzähler ist es ungewöhnlich, einer Geschichte, die er als erlebendes Ich selbst durchgemacht hat, eine symbolische Deutung zu geben. Aber Karl Mays Ich-Erzähler hatte schon in früheren Werken die Tendenz zu einem allwissenden Er-Erzähler, wenn auch nicht so auffällig wie hier. Der eigenen Geschichte selbst eine symbolische Deutung zu geben, bleibt auch bei Karl May die Ausnahme und findet sich nur gerade in dieser Erzählung.
Auch das folgende Beispiel könnte von einem Er-Erzähler sein:

Er [der Panther] erkannte nämlich seinen älteren Bruder nicht an, weil dieser zwar von demselben Vater, aber nicht von einer mohammedanischen, sondern von einer christlichen Mutter stammte. Man wußte, daß er sich alle mögliche Mühe gab, diesen Bruder aus der Nachfolge zu verdrängen oder, falls ihm dies nicht gelingen sollte, sich eine eigene, persönliche Herrschaft zu gründen. Dieses Zerwürfnis mit Vater und Bruder bildete den Grund, daß der „Panther" fast nie daheim bei den Seinen war. Er lebte meist bei dem Mir von Ardistan, und man erzählte sich, daß er der ganz besondere Liebling dieses sehr kriegerisch gesinnten Herrschers sei und sich sein unbeschränktes Vertrauen gewonnen habe. (Ardistan I, S. 576)

Wenn man diese Stelle liest, ohne zu wissen, woher sie stammt, ist es ein Kommentar des allwissenden Erzählers auf der Handlungsebene, der seinem Leser Hintergrundinformationen gibt. Karl Mays erzählendes Ich rechtfertigt das Wissen mit allgemeinen Phrasen wie „man wusste" oder „man erzählte sich". Der Leser muss annehmen, dass irgendwann irgendwer dem erlebenden Ich diese Informationen gab.

Das erzählende Ich ist eher zurückhaltend. Alle paar Seiten ein Tempuswechsel und etwa zwei Dutzend indirekter Leseranreden über den ganzen Text verstreut. Auf der Handlungsebene ist die häufigste Erscheinungsform die Raffung. Diese umfasst ganz kurze oder auch längere Zeiträume und findet sich im Durchschnitt alle vier Seiten.

Vorausdeutungen und Rückwendungen sind selten. Interessanterweise gibt es mehr Vorausdeutungen als Rückwendungen. In den andern Werken war es umgekehrt. Dieses Werk endet sogar mit einer Vorausdeutung:

> Wir aber wendeten unsern weitern Aufstieg nun den Bergen, über deren Pässe der Weg nach Dschinnistan führte, und unserm hohen, weiteren Ziele zu. – – –
> (Ardistan II, S. 651)

Das Ziel der Erzählung ist also erreicht, nicht aber das eigentliche Ziel, das irgendwo in Dschinnistan liegt und über das nie genaueres gesagt wird. Damit sind *Ardistan und Dschinnistan* und *Am Jenseits* die einzigen beiden von mir analysierten Werke Karl Mays mit einem offenen Ende.

3.8.5 Vermischung der Perspektiven

Wie bereits in den andern Werken finden sich auch hier das Demarkationsproblem, also die Textstellen, in denen es nicht immer möglich ist, das erzählende Ich vom erlebenden Ich zu unterscheiden. Das erste Beispiel ist den andern aus früheren Werken sehr ähnlich. Kara Ben Nemsi befindet sich im Gespräch mit dem Scheik der Ussul und mittendrin folgt eine Textstelle, in der das Ich Überlegungen und Erläuterungen äussert.

> Um nicht aufzufallen, fragte ich nicht weiter; ich wußte jetzt schon genug. Die Weiber hatten hier auf der grasigen Lichtung nach Wurzeln gesucht; daher die Spuren. Diese Spuren führten nach dem Lager, wo es zwanzig riesige Ussul gab, die, wenn sie ihrem Scheik glichen, zwar gutmütige, für uns aber dennoch gefährliche Menschen waren. Halef blieb zu lange aus. Er hatte sich zu weit entfernt. Es war sehr leicht möglich, daß man ihn gesehen und festgenommen hatte. Wenn bei den Ussul der Grundsatz herrschte, daß jeder Fremde, der ihr Gebiet betritt, ihnen gehört, und zwar mit allem, was er besitzt, so hatte man diesen Grundsatz auch an Halef geltend gemacht, und wie ich ihn kannte, mußte ich annehmen, daß ihm gar nicht eingefallen war, sich dies gefallen zu lassen. Er hatte sich dagegen gewehrt, war überwältigt worden und befand sich nun in Gefahr. Ich mußte ihm folgen, um ihm beizustehen. Da gab es für mich eine Waffe, die besser und erfolgreicher als jede andere war, nämlich den Scheik selbst, den ich festzunehmen hatte, damit er mir als Geisel dienen möge. Das erforderte voraussichtlich einen Kampf zwischen ihm und mir, vor dem mir aber gar nicht bange war. Die körperliche Ueberlegenheit dieses Gegners fürchtete ich nicht. Er war das, was man einen Simpel, einen Tolpatsch nennt, und es gehörte keine große, geistige Anstrengung dazu, die Chancen gleichzustellen.
> (Ardistan I, S. 75)

Der Satz „ich wußte jetzt schon genug" leitet die Überlegungen des erlebenden Ich ein über den Grund des Ausbleibens von Halef Omar. Durch die Ausdrücke „es war leicht möglich" und „mußte ich annehmen" werden diese Gedanken des erlebenden Ich weitergeführt. Auch die Adverbien „nun", „jetzt" und „hier" zeigen, dass die Textstelle in das Bewusstsein der Reflektorfigur fällt. Ausserdem folgen diesen Überlegungen des erlebenden Ich entsprechende Taten. Doch es gibt mitten drin zwei Stellen, die auf das erzählende Ich verweisen. Sowohl das Wort „nämlich" als auch die Wendung „was man [...] nennt" sind indirekte Leseranreden.
Das zweite Beispiel, das ich behandeln möchte, ist die Beschreibung der Totenstadt.

Es ist einer anderen, geeigneteren Stelle vorbehalten, eine ausführliche Schilderung dieser eigenartigen Totenstadt zu bringen; für heute mögen einige kurze Bemerkungen genügen. Das Tal des verschwunden Flusses strich hier genau von Nord nach Süd; das jetzt ausgetrocknete Flußbett teilte es in zwei ungleiche Hälften, eine östliche und eine westliche; die erstere, auf die wir zunächst hinunterblickten, war bedeutend breiter als die andere. Sie enthielt die eigentliche, ich will einmal sagen, die bürgerliche Stadt, während der jenseits liegende Teil sich gleich dem ersten Blicke als Militärstadt, als Festung kennzeichnete. Wir sahen Hunderte von Straßen, Gassen und Gäßchen mit Tausenden und aber Tausenden von Tempeln, Kirchen, Moscheen, Palästen, Häusern und Hütten. Und das Alles machte einen ganz unbeschreiblichen Eindruck des Verlassenseins, der Leblosigkeit, des Todes. Es gab keine Spur von Pflanzengrün, von Tier- und Menschenleben. Und doch war der Ausdruck ‚Leblosigkeit‘ und ‚Tod‘ nicht ganz richtig. Das Wort ‚Schlaf‘ wäre vielleicht richtiger gewesen, aber auch wieder nicht. Es gibt überhaupt keine vollpassende, sprachliche Bezeichnung für das Gefühl, welches mich wie mit mächtigen, unwiderstehlichen Fäusten packte, als mein erstaunter Blick auf dieses ungewöhnliche, starre, öde, leere Häusermeer fiel. Diese Gebäude standen genau noch so da, wie sie vor Jahrhunderten gestanden hatten. Fast nichts war zerstört. Nur die weit draußen liegenden Hütten der Armut hatten sich in Trümmer, in formlose Haufen verwandelt, die aber nicht etwa Staub und Erde bildeten, sondern hart wie Eisen waren.
Und wie schön war sie gewesen, diese einstige Hauptstadt und Residenz von Ardistan! Wenn ich mir die seltsam gestalteten Höhen, zwischen denen sie lag, bewaldet und mit grünenden, blühenden Gärten ausgestattet dachte, so fiel mir keine europäische Großstadt ein, von der ich hätte sagen mögen, daß sie mit ihr zu vergleichen sei. Nun lag sie da als Leiche! Nein, nicht als Leiche! Auch dieser Ausdruck ist falsch! Richtiger wäre es vielleicht, an einen Winter ohne Schnee und Eis, ohne Frost und Kälte zu denken, der alles Leben in die Tiefe treibt, so daß jede Spur desselben verschwindet. Wenn aber die Schritte des Frühlings von fernher schallen, dann steigt es wieder empor und beginnt, in den Säften und im Blute von Neuem zu pulsieren. Im Blute – – – ja, das ist das Wort, welches der richtigen Bezeichnung vielleicht näherkommt, als jedes andere. Diese Stadt lag vor uns wie der ohnmächtig zur Erde gesunkene Körper eines schönen Weibes, aus deren Angesicht jeder Tropfen Blut gewichen ist. Bleich, starr, bewegungslos! Aber sobald das Blut aus dem Herzen zurückkehrt, wird die Ohnmächtige aufspringen; ihre Augen werden leuchten, ihre Wangen glühen, und durch die überstandene Ohnmacht wird sie uns nur noch lieber und teurer werden, als sie uns vorher gewesen ist. So auch das frühere Ard. Es brauchte nur das verschwundene Wasser wiederzukommen, um alle diese jetzt leerstehenden Paläste wieder mit Menschen zu füllen und ein neues, reineres und höheres Leben als vorher durch die Straßen und Gassen pulsieren zu lassen. Die Sonne war bis nahe an den Horizont herabgestiegen, und als sie ihre Strahlen jetzt über das Häusermeer hinüberflimmern ließ, war es, als ob Bewegung in die starren Linien käme und als ob unzählige der verschwundenen Seelen auf der Rückkehr seien, um uns, die wir für sie im Abendrote standen, zu begrüßen.
Diesen Betrachtungen machte der kommandierende Offizier ein schnelles Ende [...].
(Ardistan II, S. 285-287)

Der erste Satz ist eindeutig ein Erzählerkommentar auf der Erzählerebene. Mit den Worten „hier" und „jetzt" des folgenden Satzes, wechselt die Perspektive zum erlebenden Ich. Die Ansicht der Stadt spiegelt sich im Bewusstsein der wahrnehmenden

Reflektorfigur, welche sich in Gedanken ihre Beobachtungen zurechtlegt und erklärt. Diese Lesart wird durch den letzten Satz gestützt, der von „diesen Betrachtungen" redet, die unterbrochen werden durch das Weitergehen der Handlung. Doch vier Tempuswechsel im Text verweisen auf das erzählende Ich. Mit den ersten drei („ich will einmal sagen"; „Es gibt überhaupt keine vollpassende, sprachliche Bezeichnung für das Gefühl"; „ja, das ist das Wort") sucht das erzählende Ich nach den richtigen Worten, um dem Leser den Eindruck des erlebenden Ich möglichst genau zu vermitteln. Der Satz „Aber sobald das Blut aus dem Herzen zurückkehrt" ist eine allgemeingültiger Kommentar des Ich-Erzählers. Diese vier Stellen könnten in die Perspektive des erlebenden Ich fallen, wenn man ihm als Reflektorfigur zutraut, sich während der Meditation über den Anblick der Stadt zugleich Gedanken über die richtige Wortwahl zu machen. Das Präsens wäre dann nicht ein Zeichen für die Erzählerebene, sondern das Zeichen für einen inneren Monolog, der analog zum direkten Gedankenbericht im Präsens steht. Doch das ist wohl eine etwas gewagte Lesart. Karl Mays Werke sind Übergangsformen, in denen Unstimmigkeiten nichts Aussergewöhnliches sind. Die erste Lesart, in der der meditierende Reflektor hie und da vom erzählenden Ich unterbrochen wird, wird durch viele ähnliche Belegstellen bekräftigt.

Das Ergebnis der Analyse zeigt verschiedene Veränderungen gegenüber den andern Werken. Der Anteil der Dialoge am Text ist deutlich kleiner, unter 50% des Textes. Trotzdem hat das ganze Werk einen mimetisch-fiktionalen Charakter, denn die Häufung der diegetisch-fiktionalen Elemente beschränkt sich vorwiegend auf die letzten 60 Seiten des 1250 Seiten umfassenden Werkes. Die Dialoge sind nach wie vor der Hauptgrund für die Unmittelbarkeit. Auch in diesem Werk werden die wichtigen Themen in Dialogform abgehandelt. Die Innerlichkeit der Figuren ist ein wichtiges Thema, doch auch hier werden kaum die entsprechenden erzählerischen Mittel zu ihrer Darstellung genutzt, sondern der Dialog kombiniert mit der stummen Sprache. Der Ich-Erzähler ist wie immer zurückhaltend. Wenn er sich zu Wort meldet, tut er dies in der Art eines allwissenden Er-Erzählers. Das zeigt sich besonders deutlich der Anfang der Geschichte und wenn er gegen den Schluss die Deutung des Erzählten gleich selbst liefert. Das erlebende Ich ist eine Mischung von Held und peripherer Figur. Er wird auf eine Mission geschickt, verübt ein par Heldentaten, um sich dann immer mehr als Berater der andern im Hintergrund zu betätigen. Am Schluss finden die Ereignisse ohne seine Einmischung statt, und er ist praktisch nur noch Zuschauer.

3.9 Winnetou IV

3.9.1 Entstehung und Aufbau

Karl Mays letzte Erzählung ist im Mai 1910 bei Fehsenfeld erschienen. Das Buch ist in acht Kapitel eingeteilt. Es handelt als einziges Spätwerk im Wilden Westen. Der Ich-Erzähler Old Shatterhand wird im bürgerlichen Leben Karl May genannt und wohnt in Radebeul. Damit ist die Verwirrung für den Leser komplett, wie sich in der Sekundärliteratur immer wieder zeigt. Doch, obwohl der Ich-Erzähler den gleichen Namen trägt wie der Autor, sind sie natürlich nicht identisch. Der Ich-Erzähler ist und bleibt eine Konstruktion des Autors, ein Teil der Fiktion. Er reist als Old Shatterhand ein letztes Mal durch den Wilden Westen. Seine Frau, Herzle genannt, begleitet ihn. Sie reiten zum Mount Winnetou, wo die Zukunft der Indianer diskutiert werden soll. Old Shatterhand wird dort die rechte Hand des alten, weisen Medizinmannes Tatellah Satah. Sie versuchen die Indianer von Liebe und Versöhnung zu überzeugen und vom alten Hass abzubringen, was letztlich mithilfe der beredten Naturgewalten und der Erfüllung alter Prophezeiungen möglich wird.

3.9.2 Dialog

Der Anteil der Dialoge am Text beträgt in diesem Band knapp 50%. Das ist bei Karl May eher unter dem Durchschnitt. Auf den ersten 25 Seiten des Buches fällt kein einziges Wort, sofern man das Vorlesen der Briefe durch das Herzle nicht als direkten Redebericht einstufen will. Die Briefe sind einfach abgedruckt und dass das Herzle sie vorliest, lässt sich aus dem Rest der Handlung schliessen.

Was in diesem Buch weitgehend fehlt, sind die humorvollen Wortgeplänkel der Gefährten mit dem Ich. Eine Ausnahme bildet der Dialog, in dem Max Pappermann Old Shatterhand von der Untreue seiner Frau überzeugen will[64]. Im übrigen sind die Gespräche eher ernster Natur. Old Shatterhand vergleicht den Niagarafall mit der roten Rasse und deutet das Gleichnis[65]. Max Pappermann erzählt, wie er zu seiner blauen Gesichtshälfte kam[66]. Doch es gibt Gespräche, die in dieser Art in den andern Werken nicht vorkommen. Old Shatterhand hat eine gleichwertige Partnerin, die ihm in nichts nachsteht. Ich möchte dies am folgenden Beispiel illustrieren.

> Das Herzle aber stand da, schaute die Bäume ratlos an, schlug die Hände zusammen und seufzte:
> „Da sieht ja eine genau wie die andere aus, nur daß die mittlere ihre Schwestern um einige Ellen überragt! Und auch ein Ast genau wie der andere! So gedrungen, so reich und dicht benadelt! Und dieser Baum, diese Fichte, soll zu dir sprechen? Wie denn, wie? Weißt du es?"
> „Ja."
> „Ich nicht!"
> „Das glaube ich wohl!"
> „Also wie? – Sag es mir!"

---

64 Winnetou IV, S. 340-347
65 ebd., S. 65-67
66 ebd., S. 142-152

„Kannst du Fichte und Tanne unterscheiden?"
„Ich denke!"
„So betrachte die mittlere Fichte genauer! Es gibt da unten einige dürre Zweige, an denen sich zur noch wenige Nadeln befinden. Bitte, zähle sie! Von unten herauf! Und zeige dabei mit dem Finger hin!" […]
„Eins, zwei, drei," zählte sie. „Vier, fünf, sechs …"
„Halt!" unterbrach ich sie. „Betrachte diesen sechsten, dürren Zweig! Ist das auch Fichte?"
„Nein, sondern Tanne."
„Merkst du nun, daß der Baum zu reden beginnt?"
„Ah! So ist das, so, so?"
„Ja, so! Kann dieser Tannenzweig an der Fichte gewachsen sein?"
„Gewiß nicht. Man hat den richtigen entfernt und diesen falschen an seine Stelle gebracht. Aber ist das nicht unvorsichtig oder gar gefährlich. Konnte das nicht ebensogut auch jeder Andere außer dir entdecken?"
„Nein. Wenn es grüne Zweige wären, dann ja. Da würde der Tannenzweig mit seiner ganz anderen Benadelung sofort auffallen. Da es aber vertrocknete Aeste sind, an denen man nur wenige Nadeln sitzen ließ, konnte nur ich allein den Treffer machen, und zwar auch nur deshalb, weil ich vorher ganz besonders aufmerksam gemacht worden war. Bitte, entferne diesen Zweig!"
„Abbrechen?"
„Nein, sondern herausziehen."
[…] Man hatte die Rinde in Form einer Klappe losgelöst und dann mit dem Ast wieder fest angesteckt. Als ich diese Klappe öffnete, fiel ein weißes Papier heraus. Das Herzle griff eiligst zu und rief freudig aus:
„Das ist die ‚Stimme des Baumes'! Das ist sie! Oder nicht?"
„Gewiß ist sie es."
„Was so ein Indianer für ein scharfsinniger und gescheiter Mensch ist!"
„Ja," lachte ich. „Und welch eine beispiellose Klugheit von einer weißen Squaw aus Radebeul, die das Alles sogleich entdeckt!"
Da lachte sie mit und sagte:
„Habe ich diese Entdeckung etwa nicht dadurch eingeleitet, daß ich den Unterschied zwischen Tanne und Fichte sehr wohl kannte? Laß uns lesen!" […]
„Das kann ich aber nicht lesen – leider, leider!"
„Wohl indianische Bilderschrift?"
„Nein. Es sind englische Buchstaben; aber die Sprache ist mir fremd."
„Zeig her!"
„Da! Hier! Aber setzen wir uns! Im Stehen begreift man schwerer."
Sie setzte sich nieder und klopfte mit der Hand neben sich auf den Boden. Man weiß wohl bereits, was ich da zu tun hatte: Ich setzte mich neben sie nieder und las die Zeilen vor. […]
„Warum suchtest du nur nach deadly dust? Nach tödlichem goldenem Staub?
„Glaubtest du wirklich, Winnetou, der überschwänglich Reiche, könne der Menschheit nichts Besseres hinterlassen?
„War Winnetou, den du doch kennen mußtest, so oberflächlich, daß du es verschmähen durftest, in größerer Tiefe zu suchen?
„Nun weißt du, warum ich dir zürnte. Sei mir willkommen, wenn du es verstehst, es mir zu sein!"
[…] Wir sahen einander an.
„Ist das nicht sonderbar?" fragte das Herzle.

„Höchst sonderbar!" nickte ich. „Er schreibt ganz dasselbe, was du gesagt hast. Ich bin beschämt, außerordentlich beschämt!"

„Nimm es dir nicht zu Herzen!"

„O doch! Ich habe da eine Sünde an Winnetou begangen, die ich mir unmöglich verzeihen kann. Und nicht nur an Winnetou allein, sondern an seiner ganzen Rasse! Jetzt bin auch ich überzeugt, daß wir noch mehr und noch viel Wichtigeres finden werden, als ich damals gefunden habe."

„Weil der alte Tatellah-Satah es sagt?"

„Nicht nur deshalb, sondern noch viel mehr aus dem Grunde, der in Winnetous Charakter liegt. Ich habe tief unter diesem hohen, edlen Charakter hinweg gesehen und tief unter ihm hinweg gehandelt. Das ist meine Sünde. Er würde gütig lächeln und mir verzeihen; aber ich lächle nicht. Bedenke, daß über dreißig Jahre unnütz vergangen sind! Ein volles Menschenleben! Komm, Herzle, wir müssen graben!"

(Winnetou IV, S. 240-244)

Das Herzle entdeckt mit Old Shatterhands Hilfe die „Stimme im Baum". Diese sagt genau dasselbe, was das Herzle auf dem Ritt zum Nugget-tsil als Ahnung ausgesprochen hat. Sie ist also im Geist Old Shatterhand ebenbürtig oder sogar überlegen. Dies zeigt sich in all ihren Gesprächen. Obwohl die Dialoge nicht ganz so häufig sind wie in den andern Werken, erzeugen sie Unmittelbarkeit. Auch hier verlieren die Inquitformeln ihren Vergangenheitscharakter und werden zum epischen Präteritum.

3.9.3 Innerlichkeit

Mit der Innerlichkeit steht es wie in den andern Erzählungen. Es wird selten darüber berichtet und wenn, dann bezieht sie sich in der Regel auf das Ich. In diesem Buch auch auf das Herzle, was nicht weiter verwundert, denn Old Shatterhand kennt seine Frau und kann deshalb sagen, wie sie sich fühlt. Das häufigste Mittel zur Darstellung der Innerlichkeit ist auch hier die stumme Sprache, gefolgt von Innerlichkeitsberichten. Hie und da findet man berichtete erlebte Rede und ganz selten sogar einen Gedankenbericht. Die Begleiter des Ich drücken ihre Gefühle und Gedanken auch hier im Dialog aus, falls sie überhaupt etwas darüber sagen. Ahnungen spielen in diesem Werk immer wieder eine wichtige Rolle. Ein Beispiel ist folgendes Zitat:

Sie [die Höhle] hatte für mich eine ungewöhnliche Wichtigkeit. Es wäre mir wohl schwer geworden, bestimmte, klare Gründe hierfür anzugeben. Es handelte sich dabei mehr um eine Ahnung als um ein bestimmtes, sicheres Wissen. Aber seit ich gesehen hatte, wie plötzlich der Schleierfall in der Erde verschwand, und seit ich wußte, daß die unterirdische Höhle bis nahe an diesen Fall heranreichte, war es mir, als ob sie in unsren hiesigen Erlebnissen eine nicht ganz unbedeutende Rolle spielen werde. (Winnetou IV, S. 450)

Die Ahnungen des erlebenden Ich sind für den Leser auch hier deutliche Hinweise darauf, was kommen wird. Der Leser kann sich auf diese Ahnungen des erlebenden Ich verlassen wie auf die Vorausdeutungen des erzählenden.

3.9.4 Der Ich-Erzähler

Der Ich-Erzähler hält sich auch in diesem Buch zurück. Die Kommentare auf der Erzählerebene sind rar. Das mag überraschen, denn das Buch beginnt mit einem zweisei-

tigen Kommentar. Doch diese finden sich vor allem im ersten Drittel des Buchs. Vom 4. Kapitel an sind es pro Kapitel nur noch durchschnittlich zwei bis drei.
Im längsten Erzählerkommentar erklärt das Ich den Unterschied zwischen Stamm und Clan bei der roten Rasse[67]. Die Erzählerkommentare beinhalten meist kurze Erklärungen zum besseren Verständnis der Handlung. Abhandlungen über Gott und die Welt, die mit der Handlung direkt nichts zu tun haben, finden sich in diesem Buch nur kurze. Eine solche möchte ich zitieren, weil sie auch etwas über das Verhältnis des Ich zu seiner Frau aussagt, die in diesem Werk eine wichtige Rolle spielt.

> Ich bin nämlich gewohnt, die Gedanken und Gefühle meiner Frau in allen Stücken mit in Erwägung zu ziehen. Ihr angeborener Scharfsinn kommt mir oft zu Hilfe, während mein mühsam erworbener Scharfblick mich in die Irre führt. Ich gebe gerne zu, daß die Frau dem Manne in Beziehung auf die feineren Instinkte überlegen ist. Darum freue ich mich immer, wenn die meinige mir sagt, daß sie einen „Gedanken" oder eine „Ahnung" habe, denn ich weiß, daß es mir zur Hilfe dient.
> (Winnetou IV, S. 238)

Im Spätwerk kommen immer mehr Frauen vor, die den Männern überlegen sind, man denke nur an Marah Durimeh. In *Winnetou IV* entsteht in manchen humorvollen Begebenheiten sogar der Eindruck, Old Shatterhand stehe bis zu einem gewissen Grad unter dem Pantoffel.
Die Raffungen sind zum Teil sehr markant. Da nur bestimmte Orte für die Geschichte eine Rolle spielen, wird die ganze Reise zwischen den jeweiligen Orten ausgelassen. Manchmal wird nicht einmal angegeben, wieviel Zeit verstrichen ist. Die Handlung setzt da wieder ein, wo man sich dem Ort nähert oder ankommt. So zum Beispiel zwischen dem ersten und dem zweiten Kapitel. Das erste Kapitel endet mit dem Beschluss, die Reise zu unternehmen, das zweite beginnt an den Niagarafällen.

3.9.5 Vermischung der Perspektiven

Auch in diesem Werk findet sich das Demarkationsproblem, also Textstellen, in denen sich die Wahrnehmungen und Gedanken des erlebenden mit den Kommentaren des erzählenden Ich vermischen. Ich will ein Beispiel zitieren. Es ist der letzte Abschnitt der Beschreibung der Teufelskanzel.

> Diese Beobachtung an sich hätte weiter nichts ergeben, als daß in uralter Zeit hier Menschen vorhanden gewesen seien, welche in Beziehung auf ihre Bauwerke und in Folge dessen auch anderweit bedeutend höher standen als die späteren Indianer, oder sagen wir richtiger, als die späteren Generationen. Aber diese beiden Erhöhungen – ich will dem Bilde treu bleiben und sie Inseln nennen – hatten die höchst auffällige Eigentümlichkeit, daß sie in den zwei Brennpunkten der Ellipse lagen, und zwar ganz genau. Das konnte nicht Zufall, sondern das mußte Berechnung sein. Da entstand nun sofort die Frage: Welches war der Zweck dieser Berechnung, das Fazit dieses Exempels? Etwas Gewöhnliches, Alltägliches jedenfalls nicht. Ich dachte an die schwierigen, astronomischen Berechnungen, welche dem Baue der ägyptischen Pyramiden zu Grunde liegen, an die noch unaufgeklärten Geheimnisse der Teokalli und anderer Tempelwerke aus früherer Zeit, doch bin ich weder Fachmann noch Gelehrter und

---

67   ebd., S. 163-167

darf es unmöglich wagen, mich auf so schwierige, wissenschaftliche Spekulationen einzulassen. Aber ein Gedanke kam mir doch, wenngleich die Aufrichtigkeit mich zwingt, zu gestehen, daß er mir bedeutend kühner erschien, als ein einfacher Westmann, der nur die Absicht verfolgt, auf seine Sicherheit bedacht zu sein, sich gestatten darf. Aber er stellte sich wieder und immer wieder ein; er packte mich fester und fester und ließ mich nicht wieder los. Es war der Gedanke an jene im Altertum oft auch baulich behandelte Tatsache, daß man innerhalb einer gewissen geometrischen Figur an einem Punkte ganz deutlich das hört, was an einem anderen, entfernten Punkte leise gesprochen wird. Dieser Gedanke kam ohne mein Zutun, also ohne daß ich grübelte. Ich wies ihn ab. Aber er kehrte zurück, als der „junge Adler" zu sprechen begann, und wollte seitdem nicht wieder weichen. (Winnetou IV, S. 176-177)

Zuerst resümiert das erzählende Ich die Ergebnisse der Beobachtungen des erlebenden Ich. Dem Ich fällt auf, dass die beiden sogenannten Inseln in den beiden Brennpunkten der Ellipse liegen. Doch welchem Ich fällt es auf? Vermutlich dem erlebenden, auch wenn seine Beobachtung vom Tempuswechsel „ich will dem Bilde treu bleiben" unterbrochen wird. Es entsteht in ihm die Frage, welches der Zweck sei, und es denkt dabei an andere uralte Bauten. Dann folgt wieder ein Tempuswechsel mitten im Satz, in dem das Ich seine Unfähigkeit, als Fachmann oder Gelehrter zu sprechen, ausdrückt. Dann kommt dem erlebenden Ich ein Gedanke, den das erzählende Ich wieder mit einem Tempuswechsel mitten im Satz kommentiert. Doch es ist unklar, ob die getadelte Kühnheit als Kommentar des erzählenden oder als Erschrecken des erlebenden Ich gewertet werden soll, denn das erzählende Ich merkt nur an, dass seine Aufrichtigkeit es zwingt, von der Kühnheit zu sprechen. Vermutlich ist es ein Gedanke des erlebenden Ich, dass seine Idee allzu kühn sei, denn weiter unten weist es die Idee ab, bis sie durch das Gespräch wieder aufkommt und dann im Verlauf der Untersuchungen als zutreffend bestätigt wird.

Das Ergebnis der Analyse zeigt, dass *Winnetou IV* ebenfalls einen mimetisch-fiktionalen Charakter aufweist, da auch hier der Ich-Erzähler sehr zurückhaltend ist, trotz seiner Präsenz am Anfang des Buches. Die Dialoge bestärken den Eindruck durch ihre Unmittelbarkeit. Sie sind gegenüber den andern Spätwerken wieder vermehrt auf die Handlung orientiert. Die Innerlichkeit der Figuren spielt eine geringe Rolle. Sie wird weder mit den entsprechenden erzählerischen Mittel dargestellt noch in den Dialogen. Das erlebende Ich ist wie in den Reiseerzählungen der Held der Geschichte, allerdings verbunden mit einer geistig ebenbürtigen Partnerin. *Winnetou IV* entspricht also eher den Reiseerzählungen in ihrer quasi-autobiographischen Ich-Erzählform, als dem Spätwerk mit dem peripheren Ich-Erzähler.

4 Zusammenfassung der Analysen

4.1 Dialog

„Zitiert der Ich-Erzähler – insbesondere umfangreichere – Äußerungen der Personen in direkter Rede, so fällt er aus der ihm zugewiesenen Rolle und gleicht sich [...] dem Er-Erzähler an."[68] Hier zeigt sich am deutlichsten, dass der Ich-Erzähler der „Konvention des vollkommenen Gedächtnisses"[69] unterliegt. Ein Er-Erzähler kennt die Gespräche der Figuren, so wie er die ganze Geschichte kennt, als die objektive Instanz, die über der Handlung steht, ohne an ihr beteiligt zu sein. Kein Normalsterblicher kann sich wortwörtlich an Gespräche erinnern. Aber der Ich-Erzähler kann es, und derjenige bei Karl May kann es sogar in beinahe erschreckendem Ausmass, denn der Anteil der Dialoge am Text bewegt sich bei den analysierten Werken zwischen 44% in *Ardistan und Dschinnistan II* und 62% in *Am Jenseits*.

Glowinski sagt über die direkte Rede im Roman: „[...] der Dialog ist [...] eine bestimmte Unterbrechung der Erzählkontinuität, wobei die Bemerkungen über das Reden diese Unterbrechung mildern, so dass die zitierten Sätze keinen Bruch erzeugen [...]"[70]. Bei Karl May würde ich eher sagen, dass die Narration die Dialoge unterbricht, da die Dialoge mehr Platz beanspruchen als die Erzählung der Handlung. Die Narration ist fast nur dazu da, die Dialoge zu ermöglichen und zu erklären.

Die Dialoge treten in einer durch alle Werke gleich bleibenden Form auf. Sie beanspruchen mehrere Seiten, sind fast ohne Inquitformeln und werden nur durch stumme Sprache oder kurze Erläuterungen des Ich unterbrochen. Die Textstellen lesen sich wie ein Drama mit der stummen Sprache und den kurzen Kommentaren als Regieanweisungen, deren Form des Präteritums den Vergangenheitscharakter verliert und zum epischen Präteritum wird. So erzeugt Karl May Unmittelbarkeit, die den Texten einen stark mimetisch-fiktionalen Charakter verleiht. Die Handlung wird eher dargestellt als berichtet.

Die Sprache des erlebenden Ich und der andern Figuren ist in der Regel die gleiche. Halef Omar redet blumiger als Kara Ben Nemsi und der Neger Bob redet nur gebrochen. Die Gegner durchsetzen ihre Reden oft mit Flüchen, aber sonst kann man an der Sprache allein kaum den Sprechenden erkennen.

Die Funktionen, die die Dialoge bei Karl May ausüben, sind vielfältig. Es finden sich lustige Wortgefechte zwischen den Figuren, die mit der Handlung selbst in der Regel nichts zu tun haben. Meistens sind die Gesprächspartner Kara Ben Nemsi und Halef Omar. Old Shatterhand gibt sich kaum zu solchen Wortgeplänkeln hin. In den Reiseerzählungen finden sie sich immer wieder, während sie in den Spätwerken eher selten sind.

Die Dialoge geben den andern Figuren die Möglichkeit, sich einzubringen, indem sie ihre Geschichte erzählen, ihre Gedanken und Gefühle mitteilen und/oder dem erlebenden Ich Neuigkeiten berichten. Das erlebende Ich wird für sie zum Vertrauten oder sogar Beichtvater. Kara Ben Nemsi und Old Shatterhand sind Meister in der Gesprächs-

---

68 Glowinski, Der Dialog im Roman, S. 11
69 ebd.
70 ebd., S. 8

führung. Es gelingt ihnen immer, ihre Verbündeten zu überzeugen, egal ob es sich um die Ausführung einer Tat oder das Lösen von seelischen Problemen handelt. Als Beichtvater und Seelenarzt ist das erlebende Ich manchmal überaus grob, vor allem gegenüber dem Ustad oder dem Mir von Ardistan, doch der Erfolg gibt ihm recht. Auch den Gegnern ist das erlebende Ich überlegen. Es leitet das Gespräch so, dass die Gegner ihre Pläne verraten oder unfreiwillig Geständnisse ablegen, weil das erlebende Ich sie mit Worten überlistet. Finke beschreibt dies folgendermassen: „Er hält seinen Gesprächsgegner, auf seinen Gedankengang scheinbar eingehend, lange Zeit auf falscher Fährte, um dann auf dem Höhepunkt der Erwartung jäh mit dem Gegenteil des Erwarteten herauszuplatzen"[71].

Das Verfahren des erlebenden Ich bleibt sich eigentlich immer gleich. Es geht zunächst auf das Gegenüber ein, gibt ihm recht, um dann den Spiess umzudrehen. Kara Ben Nemsi und Old Shatterhand bemerken jede Lücke und jede Unstimmigkeit in der Argumentation des Gesprächspartners und nützen diese aus.

Kara Ben Nemsi und Old Shatterhand sind nicht nur Meister im Reden, sie wissen auch genau, was sie sagen. Es ist nie ein leeres Geschwafel, nicht einmal in den lustigen Wortgefechten zwischen Kara Ben Nemsi und Halef Omar. Das Ich verfügt über ein enormes Wissen und gerät auch bei den Gesprächen in den Spätwerken mit ihren Themen aus Psychologie und Religion nie in Verlegenheit.

Die Aufgaben der Dialoge sind nicht überall gleich. In den Reiseerzählungen überwiegen die Wortgeplänkel, das Besprechen von Taten und das Überlisten von Gegnern. Ausser den Wortgeplänkeln haben die Gespräche immer einen unmittelbaren Bezug zur Handlung. Entweder sie leiten diese ein oder sie beinhalten selbst eine Handlung, wie das Überführen von Gegnern durch Worte. Gespräche über Religion finden kaum statt und wenn, dann sind sie kurz und haben keinen Bezug zur Handlung. Im Spätwerk ändert sich dies. Da werden die philosophischen, religiösen Gespräche immer häufiger. Kara Ben Nemsi wird immer mehr als Beichtvater beansprucht, während die humorvollen Wortgefechte fast ganz verschwinden. Auch Dispute mit Verbündeten über das weitere Vorgehen oder mit Gegnern treten in den Hintergrund. Die Themen der Dialoge sind die Hauptthemen der Spätwerke, während die äussere Handlung in den Hintergrund tritt.

4.2 Innerlichkeit

Die Analyse hat gezeigt, dass Karl May zwar alle erzählerischen Mittel zur Darstellung der Innerlichkeit kennt, diese aber selten benutzt. In Ich-Erzählungen ist eigentlich nur die Darstellung der Innerlichkeit des erlebenden Ich möglich, da ein Ich-Erzähler von der Befindlichkeit der andern Figuren nichts wissen kann, ausser diese äussern sich darüber mit Worten oder Gesten. Folgerichtig ist bei Karl May das häufigste Mittel die stumme Sprache. Sie tritt immer zusammen mit den Dialogen auf. Kara Ben Nemsi und Old Shatterhand erfüllen den Topos hervorragend, dass das erlebende Ich der perfekte Beobachter und Interpretator von Mimik und Gestik sein muss. Das erlebende Ich leitet aus einem Augenblinzeln ganze Gedankengänge nicht nur von Freunden,

---

71   Finke, Mittel der Darstellung, S. 376-377

sondern auch von Feinden ab. Diese ausserordentliche Beobachtungsgabe ermöglicht es dem erzählenden Ich im Nachhinein, Gefühle der andern Figuren als Innerlichkeits-berichte darzustellen, indem es sein Wissen mit der eben genannten Beobachtungsgabe und dem Fortgang der Handlung motiviert. Dadurch macht es das Unmögliche möglich und berichtet über die Innerlichkeit der andern Figuren wie ein allwissender Er-Erzähler. Das zeigt sich auch in den selten verwendeten Beispielen von berichteter er-lebter Rede, die wie gesagt dadurch definiert ist, dass der Erzähler die Gedanken seiner Figuren ausformuliert. Dies setzt deren Kenntnis voraus, was den Gebrauch des erzäh-lerischen Mittels in einer Ich-Erzählung eigentlich ausschliessen müsste. Doch Karl May setzt sich darüber hinweg. Sein Ich-Erzähler erklärt in diesen Fällen jedoch nicht, woher er sein Wissen nimmt. Doch sind diese Beispiele so selten, dass man sie als Versehen übergehen kann. Am häufigsten wird die Innerlichkeit der Figuren darge-stellt, indem sie darüber sprechen, was vor allem im Spätwerk immer häufiger wird.

Die Innerlichkeit des erlebenden Ich ist für den Ich-Erzähler kein Problem. Vorausset-zung ist nur, dass er sich erinnert. Trotzdem benutzt Karl May auch in diesem Fall die Möglichkeiten kaum. Kurze Innerlichkeitsberichte, manchmal erlebte Rede und über-aus selten Gedankenberichte sind zu finden. Kara Ben Nemsi und Old Shatterhand sind nicht gefühlskalt, doch ihre Befindlichkeit steht nicht im Vordergrund der Erzählung. Träume werden nur erzählt, wenn sie durch eine Handlung unterbrochen werden oder für das erlebende Ich und seine weiteren Erlebnisse eine zentrale Bedeutung haben. Das ausführlichste Beispiel ist der Traum im *Silberlöwen IV*.

In einem Fall überschreitet Karl May auch hier die Grenzen eines Ich-Erzählers, wenn er diesen nämlich die Bewusstlosigkeit des erlebenden Ich beschreiben lässt. Es ist unmöglich, sich daran zu erinnern, was im eigenen Kopf während einer Ohnmacht vor-geht. Doch kommt dies nur ein einziges Mal im *Orientzyklus* vor. Damit wird der Ich-Erzähler in diesem Moment zum allwissenden Er-Erzähler. Im Gegensatz dazu ist die-ser allwissende Ich-Erzähler nicht fähig, die Gefühle des erlebenden Ich beim Tod Winnetous zu beschreiben.

Obwohl die erzählerischen Mittel zur Darstellung der Innerlichkeit im Spätwerk nicht zunehmen, ist von den Reiseerzählungen zum Spätwerk eine Entwicklung vom Hand-lungsroman zum psychologischen Roman auszumachen. Das liegt daran, dass im Spät-werk in den Dialogen immer öfter von der Innerlichkeit der Figuren die Rede ist und immer weniger von Taten, die begangen wurden oder noch begangen werden sollen.

4.3 Der Ich-Erzähler

Die Präsenz des Ich-Erzählers ist schwach. Gebräuche und Sitten werden in Tempus-wechseln und kurzen Kommentaren erklärt. Landschaften und Städte werden beschrie-ben, obwohl die Beschreibungen manchmal überflüssig scheinen, da die Handlung nicht mehr auf sie zurückkommt.

Der Leser wird hie und da unauffällig durch indirekte Leseranreden in das Geschehen miteinbezogen. Nur wenige Male spricht der Ich-Erzähler den Leser direkt an. Mit Raffungen überspringt er die für die Geschichte uninteressanten Abschnitte der Reise. Rückwendungen sind selten, da die Figuren in Rückgriffen selbst alles nötige nachholen. Auch Vorausdeutungen sind selten. An ihre Stelle treten die Ahnungen des erlebenden Ich. In *Am Jenseits* tritt das erzählende Ich im Durchschnitt nicht häufiger auf als anderswo, doch durch seine wenigen seitenlangen Kommentare, die Predigten gleichen, hinterlässt es einen nachhaltigen Eindruck. Am auffallendsten tritt das erzählende Ich in *Ardistan und Dschinnistan* auf, wo es die symbolische Deutung seiner Reise gleich selbst gibt[72] und sich damit wie ein Er-Erzähler benimmt.

In den von mir analysierten Werken übernimmt das erzählende Ich einmal ausdrücklich die Rolle des Er-Erzählers in der Binnenerzählung im *Silberlöwen III*. Sonst ist es nur eine Annäherung des Ich-Erzählers an einen allwissenden Er-Erzähler, vor allem bei der Darstellung der Innerlichkeit der Figuren.

Das verwirrendste an Karl Mays Ich-Erzähler ist wohl, dass er ebenfalls Karl May genannt wird. Kara Ben Nemsi und Old Shatterhand sind die Kriegsnamen für das erlebende Ich. Doch wenn sich dieses nach Hause begibt, um seine Erlebnisse niederzuschreiben, findet sich sein Zuhause in Radebeul und das Ich führt den Namen Karl May. Daraus ergaben sich bereits zu Lebzeiten des Autors Karl May Verwechslungen, und das ist bei vielen Lesern bis heute der Fall.

Der Ich-Erzähler ist eine Instanz, auf die sich der Leser verlassen kann, denn ausser dem Verwirrspiel mit dem Namen führt er den Leser nie an der Nase herum, sondern erklärt ihm in der Regel das Nötige und manchmal auch mehr als nötig. Letzteres kommt vermutlich daher, dass das Ich sich als Lehrer seiner Leser sieht.

Die durchschnittlich schwache Präsenz des Ich-Erzählers bestätigt den stark mimetisch-fiktionalen Charakterzug der Erzählungen. Das erzählende Ich verschwindet zeitweilig ganz aus dem Text, so dass die Handlung wie gesagt eher dargestellt als erzählt wird.

4.4 Vermischung der Perspektiven

Die Vermischung der Perspektive des erzählenden Ich mit derjenigen des erlebenden Ich ist typisch für die Texte von Karl May. Diese Art des Demarkationsproblems wird meines Wissens in der Erzähltheorie nicht beschrieben. Es zeigt Folgen sowohl für das erlebende wie für das erzählende Ich. Einem Kommentar des erzählenden Ich kommt eine gewisse Allgemeingültigkeit zu, erst recht, da dieses erzählende Ich sich, wie ich oben gezeigt habe, oft wie ein allwissender Er-Erzähler benimmt. Gedanken und Wahrnehmungen des erlebenden Ich sind von einer gewissen Unbestimmtheit geprägt, da Wahrnehmungen täuschen und Gedanken irre gehen können. Wenn nun nicht genau zu klären ist, ob eine Aussage dem erlebenden oder dem erzählenden Ich zuzuordnen ist, prallen die Allwissenheit und die Unbestimmtheit aufeinander. Dadurch färbt die Unbestimmtheit des erlebenden Ich auf das erzählende Ich ab oder umgekehrt die Allwissenheit des erzählenden auf das erlebende. Der Leser muss entscheiden, welches von beidem passiert. Bei Karl May ist es meiner Meinung nach in allen Bänden die Allwissenheit des erzählenden Ich, die sich auf das erlebende Ich überträgt. Bei allen Beispielen, die ich zitiert habe, ist in der Regel das erlebende Ich im Vordergrund und handelt auf Grund der Aussagen, die gemacht werden. Das heisst, das erlebende Ich ist

---

72   Ardistan II, S. 415 bzw. 544

die Reflektorfigur, in deren Bewusstsein sich Wahrnehmungen und die daraus folgenden Betrachtungen spiegeln. Da diese Betrachtungen selten in die Irre führen, kann sich der Leser auf sie verlassen wie auf einen allgemeingültigen Kommentar des Erzählers. Somit zeigt sich das erlebende Ich in allem so wissend und unbeirrbar wie das erzählende Ich. Das einzige Wissen, das das erzählende Ich dem erlebenden voraus hat, ist der Ausgang der Geschichte. In allen anderen Wissensbereichen stehen sie gleich.

Wie schwierig es für den Leser sein kann, die beiden Ich auseinander zu halten, fiel mir unter anderem bei folgender Textstelle von Ulrich Melk auf:

> [...] daß der Effendi für jene Aufgaben frei wird, die schon eher einem „Sechzigjährigen" [...] gemäß sind. Da das Alter des Helden bisher [...] schamvoll verschwiegen wurde, hat diese Information entschieden als Sensation zu gelten.[73]

Die Textstelle, auf welche Melk verweist, ist folgende:

> Aber, daß ich jetzt als Sechzigjähriger mich körperlich und geistig noch genau so jung und arbeitsfreudig wie ein Zwanzigjähriger fühle, das habe ich wohl vorzugsweise dem Umstande zu verdanken, daß ich so einfach und so wenig wie nur möglich esse. (Silberlöwe III, S. 345)

Dieses Zitat steht in einer längeren Abhandlung des erzählenden Ich über seine Essgewohnheiten, ausgelöst durch die Erinnerung, wie das erlebende Ich die Pflaumen im Garten des Ustad fand. Es ist ein Kommentar auf der Erzählerebene und das „jetzt" im Text bezieht sich auf den Zeitpunkt des Erzählens, nicht aber auf denjenigen der Handlung. Das erzählende Ich ist also sechzig Jahre alt zum Zeitpunkt des Schreibens, als es sich an die damaligen köstlichen Pflaumen erinnert. Doch damit bleibt offen, wie alt das erlebende Ich unter dem Pflaumenbaum war. Es wird nie gesagt, wieviel Zeit zwischen der Handlung und deren Niederschrift vergangen ist. Das Alter des erlebenden Ich kann man nur aus dem Text zu erschliessen versuchen. Das einfachste Mittel dazu ist das Heranwachsen von Kara Ben Halef. Er wird als Jüngling bezeichnet, ist also ungefähr 16-18 Jahre alt. Das heisst, dass die Ereignisse im Tal der Dschamikun keine zwanzig Jahre nach den Ereignissen im *Orientzyklus* stattfinden. Kara Ben Nemsi kann also noch keine sechzig Jahre alt sein, da er im *Orientzyklus* als junger Mann[74] bezeichnet wird. Die Altersangabe im obigen Zitat bezieht sich eindeutig auf das erzählende Ich und lässt nicht unbedingt Rückschlüsse auf das Alter des erlebenden Ich zu.

Meine Analysen zeigen, dass die Stellen mit dem Demaraktionsproblem in der Regel als die Wahrnehmungen und Gedanken des erlebenden Ich als Reflektorfigur gelesen werden können. Dadurch bestätigt sich wiederum der Eindruck, dass die Ich-Erzählungen Karl Mays trotz des erzählenden Ich einen mimetisch-fiktionalen Charakter aufweisen. Sie sind Übergangsformen wie viele andere Erzählungen aus der zweiten Hälfte des 19. und dem Anfang des 20. Jahrhunderts. Der Hang zur darstellenden Form der mimetisch-fiktionalen Erzählweise zeigt sich bei Karl May vor allem in den Dialogen und im erlebenden Ich als Reflektorfigur, während sich Reste der diegetisch-fiktionalen Erzählweise in der schwachen Präsenz des erzählenden Ich nachweisen lassen.

---

73 Melk, Vom klassischen Reiseroman zum mythisch-allegorischen Spätwerk, S. 159
74 In den Schluchten des Balkan, S. 42

5 Charakterisierung des Ich

Ich möchte in diesem Kapitel die Eigenschaften des Ich darstellen, wie sie sich aus meiner Analyse ergeben. Dazu ist es nötig, die Gründe für die Vermischung der Perspektiven von erlebendem und erzählendem Ich zu erklären, die für Karl Mays Ich-Erzählungen so typisch sind. Das Figurenlexikon[75] zeigt Old Shatterhand und Kara Ben Nemsi in ihrer Entwicklung vor allem in Bezug auf den Autor Karl May und deren Bedeutung für ihn. Ich werde der textimmanenten Sichtweise treu bleiben und das Ich beschreiben, wie es sich in den Büchern darstellt. Dabei möchte ich festhalten, dass trotz der Unterscheidung von erzählendem und erlebendem Ich beide natürlich eine Person sind. Das erzählende Ich nennt sich zuweilen Karl May und beschreibt in Radebeul die Ereignisse, die es unter dem Namen Old Shatterhand beziehungsweise Kara Ben Nemsi erlebt hat. Es reist um der Erfahrung willen. Seine Art zu reisen beschreibt es so:

> Ich ziehe das Pferd und das Kamel den Posten und Bahnen, das Kanoe dem Steamer und die Büchse dem wohlvisierten Passe vor; auch reise ich lieber nach Timbuktu oder Tobolsk als nach Nizza oder Helgoland; ich verlasse mich auf keinen Dolmetscher und auf keinen Bädeker; zu einer Reise nach Murzuk steht mir weniger Geld zu Verfügung, als mancher braucht, um von Prag aus die Kaiserstadt Wien eine Woche lang zu besuchen, und – ich habe mich über den Mangel an Abenteuern niemals zu beklagen gehabt. Wer mit großen Mitteln die Atlasländer oder die Weststaaten Nordamerikas besucht, dem stehen eben diese Mittel im Wege; wer aber mit leichter Tasche kommt, der wird bei den Beduinen Gastfreundschaft suchen und sich nützlich machen, drüben im wilden Westen aber sich sein Brot schießen und mit hundert Gefahren kämpfen müssen; ihm wird es an Abenteuern nicht fehlen.
> (Durch die Wüste, S. 214)

Aus den Erzählungen lässt sich keine Biographie im eigentlichen Sinne, also eine Lebensbeschreibung von der Kindheit bis ins Alter ablesen. Dazu sind die Erzählungen zu episodenhaft. Doch das Ich selbst führt sich in *Winnetou I* als erlebende Hauptperson und zugleich im Vorwort als „autobiographische Erzählinstanz"[76] ein. Trotz der autobiographischen Position, die das erzählende Ich einnimmt, indem es seine Erlebnisse berichtet, scheint das Verhältnis von erzählendem und erlebendem Ich verkehrt, denn „nicht Hinzugelerntes, nicht Revision falscher Urteile, nicht korrigierende Begutachtung damaligen Handelns etc., sondern im Gegenteil Antizipation eines späteren Zusammenhangs, der Erzählerrolle [...]"[77] zeichnen das Verhältnis der beiden Ich aus. Das erlebende Ich lernt nichts hinzu, da es bereits alles weiss, wie der rasche Aufstieg des Greenhorns zum berühmten Old Shatterhand beweist. Er verfügt offenbar „von vornherein über die erforderlichen Fähigkeiten"[78] und weiss sie „im geeigneten Moment anzuwenden"[79]. Deshalb gibt es auch kaum je Kritik des erzählenden Ich an den

75 Kosciuszko, Das große Karl May Figurenlexikon
76 Melk, Das Werte- und Normensystem ..., S. 18
77 Deeken, Seine Majestät das Ich, S. 119
78 Schmiedt, Einer der besten deutschen Erzähler, S. 90
79 ebd.

Handlungen des erlebenden. Das erzählende Ich belächelt manchmal den Eifer des jungen Greenhorns:

> Ich hatte nämlich gelesen, daß die Indianer ihren Mischtabak Kinnikinnik nennen, und brachte diese Kenntnis heut schleunigst am richtigen Platz an.
> (Winnetou I, S. 164)

Das erlebende Ich hingegen handelt so vorbildlich und verantwortungsvoll, dass sich der spätere Erzähler, der seine Leser nicht nur unterhalten, sondern auch belehren will, deutlich abzeichnet.

Die Dialoge sind immer wieder von verschiedenen Interpreten unter verschiedenen Aspekten besprochen worden. Schmiedt[80] zeigt, wie durch den Dialog „die Distanz zwischen dem Geschehen und dem Leser [...] auf das Minimum reduziert" ist, „da die vermittelnde Instanz des Erzählers fehlt [...]".Die Dialoge decken verschiedene Funktionen ab, wie Wiegmann[81] beschreibt. Eine dieser Funktionen bezeichnet Böhm als besonders ansprechend für jugendliche Leser, nämlich diejenige, in der „die eine Person die Rolle des Belehrenden, Dozierenden einnimmt, während sich die andere Person auf Einwürfe beschränkt"[82]. Biermann und Winter vergleichen in ihrem Aufsatz[83] die Erzählungen sogar mit den Anforderungen eines Stückes für das Theater. Es gab und gibt aber auch kritische Stimmen. Droop findet, dass manche Dialoge die Schnelligkeit der Handlung verlangsamen, indem sie „ohne sichtbaren Grund auf einer Seite des Bandes sagen, was in zwei Sätzen ausgesprochen werden könnte"[84]. Und weiter: „Ein solches Gerede [...] ermüdet und könnte sogar den Verdacht erwecken, [...] als ob er den Mangel an Ereignissen durch die Menge der Worte ausgleichen wolle"[85]. Es gibt auch Figuren, die „die Wirksamkeit und Geltung rednerischer Kunst [...] in Frage"[86] stellen. Diese beiden sind Winnetou, der sich in bedeutungsvolles Schweigen hüllt, und Halef Omar, der durch seine masslosen Übertreibungen zwar viel redet, aber selten etwas sagt[87]. Die Dialoge zeigen aber auch eine herausragende Eigenschaft des Ich: Es besitzt ein phänomenales Gedächtnis. Der Erzähler erinnert sich in allen Einzelheiten an Gespräche, die er als Old Shatterhand oder Kara Ben Nemsi vor Monaten oder gar Jahren geführt hat. Dieses Gedächtnis bewährt sich auch während der Handlung, wenn das erlebende Ich Unstimmigkeiten in den Aussagen der Gegner bemerkt oder sich an Zeichen erinnert, die es nur einmal flüchtig gesehen hat.

Das Ich verfügt auch über andere Eigenschaften „in höchster Vollendung: schießen, reiten, fremde Sprachen sprechen, Kranke kurieren, Sekt zubereiten, komponieren, denken, religiös diskutieren"[88]. Alle diese Eigenschaften verhelfen Old Shatterhand und Kara Ben Nemsi dazu, alle Widerstände zu überwinden und siegreich heimzukehren. Sie machen andererseits eine Entwicklung des Ich unmöglich, da es sie von An-

---

80 s. Ueding, Karl-May-Handbuch, S. 167
81 Wiegmann, Stil und Erzähltechnik in den Orientbänden Karl Mays, S. 119-120
82 Böhm, Karl May und das Geheimnis seines Erfolges, S. 189
83 Biermann/Winter, Die Roman-Welt als Bühne
84 Droop, Karl May, S. 15-16
85 ebd., S. 18
86 Ueding, Howgh, ich habe gesprochen, S. 127
87 ebd.
88 Klotz, Durch die Wüste und so weiter, S. 83

fang an besitzt. Trotzdem ist der Kara Ben Nemsi des *Orientzyklus* nicht derselbe wie derjenige in *Ardistan und Dschinnistan*, Old Shatterhand in *Winnetou I-III* nicht der gleiche wie in *Winnetou IV*. Es ist weniger das Wissen und Können des Ich, das sich verändert, sondern die Stellung des Ich zu den andern Figuren. Das erlebende Ich ist der im Mittelpunkt der Handlung stehende Held und Reflektor der Reiseerzählungen, der im Spätwerk an die Peripherie der Handlung rückt, sein Heldentum praktisch aufgibt und sich vor allem seiner Aufgabe als beobachtender und meditierender Reflektor widmet. Ich habe dies in meiner Analyse schon angedeutet und möchte es hier noch etwas ausführen. Dabei werde ich, wenn nötig, zwischen Kara Ben Nemsi und Old Shatterhand unterscheiden, obwohl beide in der fiktiven Welt eine Person sind.

Kara Ben Nemsi wird im *Orientzyklus* eingeführt. Sein Wissen und sein Können gehen weit über das Mittelmass hinaus. Er ist bewandert in Geographie, Astronomie, Medizin, Botanik, Zoologie; er kennt die Bibel und den Koran auswendig, ebenso alle möglichen Rechtsbücher des Orients. Er spricht alle möglichen Sprachen, liest Keilschrift[89] und lernt eine neue Sprache in kürzester Zeit[90]. Er ist ein gesuchter Arzt[91], belehrt die Beamten des Gerichts über ihre Rechte und Pflichten[92] und bringt jeden Moslem zum Schweigen mit seinem Wissen über den Koran und seine Auslegungen. Er reitet besser als jeder Beduine und ist in jeder Waffengattung ein Meister. Er hat die besten Waffen und die besten Pässe. Er verdient sich das beste Pferd und den besten Hund. Er liebt Tiere und Blumen, ist freundlich, humorvoll und hilfsbereit, voller Nachsicht und Mitleid. Er weint mit den andern[93] und beim Tod seines Rih[94]. Doch gegen uneinsichtige Bösewichte ist er streng und unerbittlich. Sie werden rücksichtslos geprügelt, erpresst, beschwindelt und natürlich belauscht, damit er die Oberhand behalten kann. Dabei bleibt er trotzdem bescheiden, wie folgende Beschreibung Halefs zeigt:

> „[...] Du siehst, Sihdi, daß dein treuer Halef ganz genau weiß, was er sagt. Aber du bist wie die Trüffel, ganz genau so. Sie ist eine große Delikatesse und wird teuer bezahlt, aber sie versteckt sich unter die Erde, weil man ja nicht von ihr reden soll. Ich allein kenne dich [...]". (In den Schluchten des Balkan, S. 418)

Die Grundlage für Kara Ben Nemsis Prinzipien ist das Christentum, das er selbst in Todesgefahr niemals verleugnet. Die Konfession ist und bleibt unklar, aber die Glaubensspaltung in seiner Heimat macht ihm zu schaffen[95]. Er ist gläubig und fromm, was auch in seiner Kindheit begründet liegt[96]. Er versucht so gut als möglich das Gebot der Feindesliebe einzuhalten, indem er nach Möglichkeit nicht tötet und seinen Freunden bei ihrer Rache nicht beisteht[97]. Er sieht in allem Gottes Wirken[98] und sich selbst als

---

89   Durch die Wüste, S. 339
90   ebd., S. 492
91   ebd., S. 79
92   ebd., S. 146
93   In den Schluchten des Balkan, S. 296 und S. 300
94   Der Schut, S. 564
95   Durch die Wüste, S. 488f.
96   ebd., S. 152
97   ebd., S. 232
98   ebd., S. 425

Werkzeug Gottes. Er möchte sich den Ruf erwerben, ein guter Mensch und ein guter Christ zu sein, wie er gegenüber Marah Durimeh erklärt.

Mit seinem Glauben hängt auch seine Ansicht über den Schwur und die Lüge zusammen. Kara Ben Nemsi ist wahrheitsliebend. Er schwört nicht, denn er hält sein Wort wie einen Schwur. Einmal weicht er jedoch davon ab[99]. Auch direkte Lügen vermeidet er[100]. Er verstellt sich manchmal, gibt sich für jemand anderen aus oder verschweigt etwas, aber auf direkte Fragen sagt er keine Lüge, nicht einmal, wenn es ihn das Leben kosten könnte. Vor allem verleugnet er nie seinen Glauben. Er vermeidet den Kampf soweit als möglich, doch verteidigt er das Recht auf Notwehr[101]. Er kritisiert den Aberglauben der Bevölkerung, nutzt ihn jedoch zu seinem Vorteil. Kara Ben Nemsi betätigt sich auch als Seelsorger, sowohl für abergläubische Christen wie für Wahrheit suchende Andersgläubige. Doch er predigt das Christentum in der Regel durch die Tat, nicht durch Worte. Das Religionsgespräch mit Schimin, dem Schmied ist eine Ausnahme. Das Thema der Religion(en) wird in den Streitgesprächen bei Halefs wilden Bekehrungsversuchen humorvoll behandelt. Kara Ben Nemsi ist den andern Religionen gegenüber tolerant. Er sieht in ihnen den Ansatz zur wahren Frage nach Gott, die aber nur im Christentum ihre befriedigende Antwort findet. Natürlich nur im wahren Christentum, das für Kara Ben Nemsi eine Sache des Herzens und nicht der Dogmatik ist. Die Konfession spielt keine Rolle. Soweit es sich mit seiner Religiosität vereinbaren lässt, nimmt Kara Ben Nemsi auch an religiösen Zeremonien der Moslems oder Dschesidi teil.

Für Old Shatterhand gelten all diese Eigenschaften in demselben Masse, da es ja letztlich das gleiche Ich ist. Doch es gibt einige Unterschiede. Old Shatterhand reitet kein Pferd, zumindest nicht im *Winnetou I-III*, das so eng mit seiner Erscheinung verbunden wäre wie Rih mit Kara Ben Nemsi. Erst in späteren Erzählungen erhält Old Shatterhand sein letztes wichtiges Attribut, den Rappen Hatatitla[102]. Sein Name ist ein Ehrenname, während derjenige Kara Ben Nemsis eine Verlegenheitslösung von Halef Omar ist. Allein die Nennung des Namens Old Shatterhand genügt, um Feinde in Angst und Schrecken zu versetzen. Er hat einen ihm ebenbürtigen Gefährten und Freund: Winnetou, der Häuptling der Apatschen. Auch Old Shatterhand hat Humor, doch zeigt sich dieser eher in der Beschreibung skurriler Gefährten, als in Handlungen oder Gesprächen, wie es bei Kara Ben Nemsi der Fall ist. Auch für Old Shatterhand ist das Christentum Grundlage seines Denken und Handelns, obwohl er damit die Gesetze des wilden Westens auf den Kopf stellt. Genauso macht es Kara Ben Nemsi, wenn er der Blutrache der Moslems Verzeihung gegenüber stellt. Doch im Gegensatz zu Kara Ben Nemsi führt Old Shatterhand selten Religionsgespräche. Winnetou lehnt es ab, mit ihm darüber zu diskutieren. Wenn er doch eine Bekehrung versucht, schlägt sie fehl. Hiller in *Weihnacht* wird nicht durch Old Shatterhand, sondern durch äussere Naturgewalten bekehrt. In *Weihnacht* erfährt man das einzige Mal etwas Genaueres über die Kindheit

---

99   Durch das Land der Skipetaren, S. 334
100   ebd., S. 443 und S. 456
101   Durchs wilde Kurdistan, S. 436
102   In der Bamberger Ausgabe des Karl-May-Verlages wurde dies geändert. Dort erhält Old Shatterhand den Rappen bereits am Abend nach der Beerdigung Klekih-petras.

des Ich. Das erlebende Ich wird Sappho genannt und ist selbst als Schüler bereits der Charakter, der später als Old Shatterhand berühmt wird. Das zeigt auch seine Ansicht über Carpio.

> Ich gab es also auf, ihn zu ändern; suchte seine Eulenspiegelstreiche soviel wie möglich zu vertuschen und gab mich, wenn ich mit ihm allein war, ebenso kindlich und unbeholfen wie er selber. Dadurch hatte ich ihn wahrscheinlich noch fester als früher an mich gekettet. Wir schienen zwei unbedachtsame Kinder zu sein; er war auch eins; ich aber wachte heimlich über ihn und hielt, indem ich mir den Anschein gab ganz in seinem Willen aufzugehen, alle Unannehmlichkeiten möglichst fern von ihm. Er glaubte, selbständig zu handeln; in Wirklichkeit aber war ich es, nach dem er sich richtete, ohne es zu wissen. (Weihnacht, S. 34)

Old Shatterhand stellt auch die Kleidersitten der Prärie auf den Kopf. Er ist immer sauber gekleidet und wird deswegen oft für ein Greenhorn gehalten, bis er sich zu erkennen gibt. Bei Kara Ben Nemsi führt die für den Orient unübliche Sauberkeit dazu, dass er für einen reichen Mann oder gar Fürsten gehalten wird, was durch das seinem Namen beigefügte Effendi noch verstärkt wird. Die Beschreibung von Old Shatterhand und seinen Eigenschaften erfolgt nicht durch Gefährten, sondern durch Feinde, wie im folgenden Beispiel:

> „[...] ein kluges, tapferes Bleichgesicht [...] sagte, das Gold sei nichts als ‚deadly dust', geschaffen von dem bösen Geiste der Erde, um die Menschen zu Dieben und Mördern zu machen."
> „Dieses Bleichgesicht war ein großer Narr. Wie war sein Name?"
> „Er war kein Narr, sondern ein sehr kluger und tapferer Krieger. [...] Bei den Fallenstellern war ein weißer Mann, den sie für närrisch hielten, weil er Pflanzen und Käfer suchte und bloß gekommen war, um sich die Savanne anzusehen. Aber in seinem Kopfe wohnte die Weisheit und in seinem Arme die Stärke; seine Büchse fehlte nie, und sein Messer fürchtete sich nicht vor dem grauen Bären des Felsengebirges. Er wollte ihnen Klugheit geben gegen die roten Männer, sie aber verlachten ihn. [...] Er hatte seine weißen Brüder nicht verlassen wollen [...] er stand wie die Eiche des Waldes, die alles zerschmettert, wenn sie fällt [...]. Seine Faust war wie die Tatze des Bären; er hat mit der bloßen Hand die Schädel vieler roten Männer und auch einiger Bleichgesichter zerschmettert; und daher nannten ihn die weißen Jäger Old Shatterhand." (Winnetou III, S. 42-43)

Diese Lobrede auf Old Shatterhand ist den Lobreden von Halef Omar über Kara Ben Nemsi sehr ähnlich. Hier aber wird sie von einem Feind gehalten, wodurch sie natürlich mehr Gewicht erhält. Die Reaktion von Old Shatterhand ist jedoch die gleiche wie jeweils diejenige von Kara Ben Nemsi:

> Der Erzähler hatte die Wahrheit berichtet, nur mußte ich ihm im Stillen den Vorwurf machen, daß er sich in Beziehung auf meine Person einer zu großen Ausschmückung bediente. (Winnetou III, S. 43)

Trotz aller herausragenden Eigenschaften bemüht sich also auch Old Shatterhand um Bescheidenheit.

Old Shatterhand erscheint in den von mir analysierten Werken noch kurz im ersten Kapitel des *Silberlöwen I*, wo er sich nicht verändert hat. Dann taucht er erst im letzten Werk *Winnetou IV* wieder auf. Er reist mit seiner Frau, die er Herzle nennt, die Waffen führt er zwar mit, aber im Koffer. Das Herzle übernimmt in gewisser Weise den Part des gleichwertigen Gefährten. Sie ahnt nicht nur richtiger als Old Shatterhand, sie leitet ihn zuweilen auch und sie kann besser fotografieren als er. Old Shatterhand kann immer noch ausgezeichnet reiten und schiessen, doch die meisten Konflikte werden mit List und Psychologie gelöst. Die beiden Enters werden weniger durch Religion als durch eine Art Psychotherapie bekehrt. Old Shatterhand bleibt auch im letzten Band der Held, der alle Fäden in der Hand hat.

Ganz anders sieht es bei Kara Ben Nemsi aus. Die ersten beiden Bände des *Silberlöwen* zeigen nochmals den bekannten Helden aus dem *Orientzyklus*. Doch bereits hier kündigt sich eine Veränderung an, wenn das Ich ausführlich über das Nachtgespräch mit dem Bimbaschi berichtet, in dem sich Kara Ben Nemsi als Beichtvater und, wie er selbst es nennt, Seelenarzt betätigt, ohne Rücksicht auf den ‚Patienten‘.

> Es waren schwere Anklagen, die ich ausgesprochen hatte, Anklagen, die ihn um so kräftiger treffen mußten, je weniger bisher von Selbsterkenntnis bei ihm die Rede gewesen war. Es wäre ein großer Fehler von mir gewesen, ihn in dieser Beziehung zu schonen. Steht der Arzt vor einem Menschen, welcher seine Gesundheit durch ein unordentliches Leben ruiniert hat, so muß er, wenn er ihn heilen will, ihm mit voller Aufrichtigkeit sagen, welchen Ursachen die Krankheiten zuzuschreiben sind. Und die Verpflichtungen des Seelenarztes sind nicht weniger hoch als diejenigen eines Mediziners, welcher die Aufgabe hat, nur die körperlichen Gebrechen zu behandeln. Der Bimbaschi mußte niedergedrückt werden, um sich desto höher aufrichten zu können. Um erkennen zu können, wie ungerecht er, der Wurm, gegen den Allvater der Welt gewesen war, mußte er einsehen, daß ihm dieser, anstatt ihn durch seine Gerechtigkeit zu vernichten, nur Gnade um Gnade gegeben hatte. Schienen meine Worte hart gewesen zu sein, so hatte ich doch nicht darnach fragen dürfen, ob sie mir übelgenommen werden könnten, denn wenn sie eine solche Aufnahme fanden, dann war dem Bimbaschi auf geistlichem Gebiete überhaupt nicht mehr zu helfen.
> (Silberlöwe I, S. 523-524)

Im *Silberlöwen IV* wird er sogar Seelenarzt des Ustad, obwohl dieser im *Silberlöwen III* hoch über ihm steht.

> Ich stand auf und ließ unwillkürlich einen forschenden Blick an seiner Gestalt niedergleiten. War er ein anderer geworden? Es hatte sich weder an seiner Figur noch überhaupt an seinem sichtbaren Menschen etwas verändert. Und doch war es mir, als ob er nicht mehr so vor mir stehe, wie er mir unten an meinem Lager erschienen war. Es wollte mich eine Art von Beschämung über diese meine Undankbarkeit beschleichen; aber gegen dieses Gefühl stand in mir etwas auf, was mächtiger und, wie ich jetzt weiß, auch richtiger und gerechter war und mich aufforderte: „Schmeichle nicht dir selbst, indem du ihn zu schonen scheinst. Die Sonde, welche du an ihn legst, muß dich so wie ihn schmerzen!“ (Silberlöwe IV, S. 19)

Kara Ben Nemsi wird durch die Krankheit am Anfang vom *Silberlöwen III* gezwungen, seine Heldenrolle aufzugeben. An seine Stelle tritt, wenn auch unter seiner Leitung, Kara Ben Halef. Dadurch wird Kara Ben Nemsi frei für Gespräche wie das oben erwähnte mit dem Ustad. Er behält aber die Fäden in der Hand, als der Ustad ihn zu seinem Vertreter ernennt. Doch die körperlichen Bravourstücke beschränken sich auf das Reiten.

Das Ich in *Am Jenseits* unterscheidet sich vom Kara Ben Nemsi aus dem *Orientzyklus* deutlich. Hier reist Kara Ben Nemsi unter falschem Namen, um durch die Bekanntheit seines Namens keine Gefahr heraufzubeschwören. Er lässt es zu, dass Hadschi Halef Omar seine Frau Hanneh mitnimmt und führt sogar deren Pläne durch. Er selbst steht nicht mehr an vorderster Front. Bei den Zweikämpfen macht er nicht mit. Er lässt sich sogar vom Schwächsten, dem Münedschi, anspucken. Die Reise geht nicht weiter als bis zum Bir Hilu. Dort dreht sich alles im Kreis, bis alle momentanen Probleme gelöst sind. Am Schluss entkommt der Hauptverbrecher und die Reise geht endlich weiter Richtung Mekka. Doch mit diesem Aufbruch ist die Geschichte zu Ende. Kara Ben Nemsi ist nicht mehr der strahlende Held, der alles selbst macht. Er lässt immer wieder andere für sich Pläne schmieden und handeln. Er lenkt die Geschicke eher aus dem Hintergrund. Er ist eher der Berater als der Führer der Gruppe. Seine Aktionen mit der ihm eigenen Umsicht und Kaltblütigkeit übernimmt wie im *Silberlöwen III* und *IV* Kara Ben Halef. Doch hier lässt sich dies nicht aus einer Krankheit heraus erklären. Nebst den Dialogen, die sich vorwiegend um religiöse Dinge drehen, allen voran die christliche Liebe, bringt der Erzähler hier seitenlange Kommentare zu ähnlichen Themen. Die Handlung rückt zunehmend in den Hintergrund und wird nebensächlich.

In *Und Friede auf Erden* ist das erlebende Ich vor allem Reflektorfigur und das erzählende Ich ein peripherer Ich-Erzähler. Das erlebende Ich hat keinen Namen, zumindest keinen Kriegsnamen. Es wird einmal Karl May genannt, verheimlicht diesen Namen jedoch gegenüber den beiden Chinesen und Waller und dessen Tochter. Raffley und der Governor, die ihn von früher her kennen, nennen ihn Charley, während er von Sejjid Omar mit Sihdi angesprochen wird. So wie nicht mehr von vornherein ein eindeutiger Name für das erlebende Ich genannt wird, so verschwindet es auch in der Gruppe. Es ist nicht der Anführer, es weiss nicht einmal, wo das letztendlich Ziel der Reise liegt. Es ist der Begleiter, der seine Gefährten beobachtet und zum Nachdenken anregt. Die Waffen hat es offenbar zuhause gelassen, sie werden nie erwähnt. Waller wird mit List aus den Händen der Fanatiker befreit und Nachtruhestörer werden von Hand die Treppe heruntergeworfen. Das sind die einzigen beiden „kriegerischen" Handlungen, die dieses Ich vornimmt. Auf die Ereignisse nimmt es entscheidenden Einfluss durch sein Gedicht, das es mit einem Geheimnis umhüllt, indem es die einzelnen Teile auf mysteriöse Weise an Mary Waller und ihren Vater sendet. Für Waller wird das Gedicht ein Mittel gegen seine Krankheit, an dem er sich gesund denkt. Das Ich verrät sich beinahe als Urheber, als er ein malaiisches Gedicht meisterhaft ins Deutsche überträgt. Das Ich ist aber mit Kara Ben Nemsi aus den andern Orienterzählungen identisch. Das stellt sich klar heraus, als es bei einer Nachtwache am Krankenbett im Band *Am Jenseits* liest und sich beim Lesen wieder an die erlebte Szene erinnert[103]. Ein andermal erinnert sich das erlebende Ich an eine Szene im Tal der Dschamikun[104]. Noch ein anderes Zitat aus einem früheren Werk kommt vor, nämlich die Beschreibung von Raffley[105]. Dies ist jedoch nicht neu, denn bereits in *Winnetou I-III* wird die Beschreibung

---

103 Friede, S. 406-407
104 ebd., S. 642
105 ebd., S. 228-231

von Sam Hawkens aus dem ersten Band im zweiten Band wörtlich wiederholt, allerdings ohne Verweis auf den ersten Band.

Die manchmal doch penetrante Allwissenheit aus den früheren Erzählungen ist fast verschwunden. Nur Sejjid Omar glaubt daran, doch das wird vom erzählenden Ich folgendermassen erklärt:

> Der gute Omar hatte nämlich die Eigenheit, mich für allwissend zu halten. Das kam daher, daß ich niemals etwas zu ihm sagte, wofür ich nicht einstehen konnte. Sein Vertrauen zu meinem Worte war geradezu rührend. Er stand jeden Augenblick bereit, auf mich zu schwören. Seine eigene Wahrheitsliebe hatte mich verpflichtet, gegen ihn, selbst im Scherz, auch nur wahr zu sein. (Friede, S. 110)

Doch im übrigen ist das erlebende Ich von einer nie gekannten Zurückhaltung. Die Hauptpersonen sind Waller und der Governor, die durch den Umgang mit Raffley und Tsi ihre starren Vorurteile ablegen. Das erlebende Ich hilft dem Governor durch seine Bereitschaft zum Gespräch und Waller durch sein Gedicht und seine Erzählung *Am Jenseits*, welche Waller zufällig in die Hände bekommt, ohne zu wissen, dass der Urheber beider literarischen Erzeugnisse sein Mitreisender ist. Raffley und der Governor helfen dem Ich, das Geheimnis so lange als möglich zu bewahren. Erst am Ende des Buches wird das Ich von Mary und Tsi zur Rede gestellt, die beide die Wahrheit schon seit einiger Zeit ahnten[106].

Bei *Ardistan und Dschinnistan* ist es ein wenig wie im Band *Am Jenseits*, der Schluss bleibt offen, das eigentliche Ziel wird innerhalb der Geschichte nicht erreicht. Auch eine andere Ähnlichkeit mit der genannten Erzählung besteht. Kara Ben Nemsi überlässt wichtige Handlungen anderen, vor allem wenn es ums Kämpfen geht. Ich will das im Folgenden etwas genauer ausführen.

Das erlebende Ich Kara Ben Nemsi wird von Marah Durimeh auf eine Mission geschickt, ausgerüstet mit einem Brustschild, der als Erkennungszeichen dient. Er ist der Auslöser, der Wegbereiter für Ereignisse, die seit Jahrhunderten vorausgesagt und vorbereitet wurden. Es gibt immer noch die Heldentaten, die man von Kara Ben Nemsi gewöhnt ist: er befreit den Dschirbani, plant die Einschliessung der Feinde an der Landenge, reitet nur von Halef Omar begleitet ohne Waffen zum Mir von Ardistan, findet alle Geheimnisse in der Totenstadt. Doch neben ihm erscheinen immer mehr geheimnisvolle Gestalten (Abd el Fadl, Merhameh, der Schech el Beled von el Hadd), die am Geschehen teilhaben und offensichtlich mehr verstehen, was vorgeht und warum es geschieht, als Kara Ben Nemsi. Er überlässt schon bei der Landenge die Führung dem Dschirbani. Er ist eher Berater als Anführer. Nachdem er den Mir von Ardistan kennen gelernt und seine Achtung erworben hat, wird er dessen Seelenarzt und Beichtvater. Das wird seine Hauptaufgabe. Nachdem diese abgeschlossen ist, rückt Kara Ben Nemsi immer mehr in den Hintergrund. Er ist fast nur noch Beobachter und Kommentator der ‚Pantherjagd'. Nur einmal ergreift er noch die Initiative; als er erfährt, dass ein Vulkanausbruch bevorsteht, der den Panther und seine Armee vernichten wird, will er sie warnen. Eine kuriose Idee, nachdem das erzählende Ich ein paar Seiten zuvor den Grund für das unabdingbare Vernichten des Panthers erklärt hat. Doch es passt zum Kara Ben Nemsi der früheren Erzählungen, der selbst die Feinde zu retten versucht.

---

106 ebd., S. 557

Der Schech el Beled hält ihn zurück, weil in diesem Fall keine Rettung mehr möglich ist und auch nicht sein darf. Es ist selten, dass eine Figur klüger und vorausschauender ist als das Ich. Es ist auch selten, dass eine Handlung noch weitergeht, nachdem die Mission des Ich abgeschlossen ist. Kara Ben Nemsi wurde ausgeschickt, um dem Frieden den Weg zu bereiten. Das ist ihm mit der Bekehrung des Mir gelungen. Der Rest ist Sache der Ardistani und Dschinnistani. Kara Ben Nemsi wird zum Beobachter und Reflektor.

> Der Feldzug hatte also begonnen. Er gestaltete sich viel leichter und schneller, als wir es für möglich gehalten hatten. [...] Das ging Alles so selbstverständlich und zu unsern Gunsten, daß ich mich fast gar nicht mehr mit den direkt kriegerischen Angelegenheiten beschäftigte, sondern meine Aufmerksamkeit auf andere, meiner Persönlichkeit näher liegende Dinge richtete.
> Die Niederwerfung des Aufrührers wurde mir nebensächlich. [...] Meine Aufmerksamkeit wurde dreifach in Anspruch genommen. Nämlich erstens von der gewaltigen Natur, durch welche der Marsch uns führte. Zweitens von den eigenartigen Menschen, bei denen ich mich befand. Und drittens von dem tiefen Zusammenhang der Dinge, den ich in allem erkannte, was in dieser Natur und mit diesen Menschen geschah. (Ardistan II, S. 544)

Da sich das erzählende Ich auch hier oft als allwissender Erzähler gebärdet, färbt diese Allwissenheit wiederum auf das erlebende Ich ab. Trotzdem scheint das erlebende Ich in dieser Geschichte unwissender zu sein als in anderen, denn die ganzen Hintergründe für das Geschehen werden nie restlos aufgeklärt. Kara Ben Nemsi wird nach und nach vom erlebenden Ich als Haupthelden zum erlebenden Ich als Beobachter und Reflektor, der darüber nachsinnt, welche allgemeingültigen Lehren aus dem Geschehen gezogen werden können, und diese Lehren dann von der äusseren Handlung auf die Innerlichkeit jedes einzelnen Menschen überträgt.

Es hat sich gezeigt, dass Kara Ben Nemsi vielschichtiger scheint als Old Shatterhand, obwohl beide miteinander das Ich ausmachen, das im bürgerlichen Leben in Deutschland wohnt und seine Reiseerlebnisse niederschreibt. Old Shatterhand ist immer die Hauptperson in den Erzählungen. Er nimmt sich nie zurück. Er kann alles und weiss alles, setzt im richtigen Moment auf die Waffen oder auf die Psychologie, je nach Situation. Kara Ben Nemsi hingegen wird in den Spätwerken Teil eines Ganzen. Er ist Teil der Gruppe aus *Und Friede auf Erden*, der nicht informiert wird, wohin die Reise geht. Er ist Auslöser eines lange vorbereiteten Friedens in *Ardistan und Dschinnistan*, ohne jedoch alles zu durchschauen oder gar zu überschauen. Diese Rolle nehmen der Mir von Dschinnistan und Marah Durimeh ein. Im *Silberlöwen III* und *IV* und in *Am Jenseits* hält er zwar immer noch alle Fäden in der Hand, doch wichtige Aktionen werden nun von andern wie zum Beispiel Kara Ben Halef übernommen.
Doch diese Veränderungen betreffen vor allem das erlebende Ich. Das erzählende Ich macht nur in *Am Jenseits* eine Ausnahme und mischt sich mit Kommentaren zu Gott und der Welt in die Handlung ein. Ansonsten beobachtet es sowohl in den Reiseerzählungen wie auch im Spätwerk Zurückhaltung, ohne den Leser im Stich zu lassen. Es kritisiert das erlebende Ich kaum, wenn, dann mit liebevoller Ironie. Diese Kritik bezieht sich nur auf das übereifrige Greenhorn aus *Winnetou I* und den jungen Sappho aus *Weihnacht*. Doch ist der Ich-Erzähler immer wieder dazu bereit, seine damaligen

Handlungen gegenüber dem Leser zu erklären und zu rechtfertigen. Er verteidigt immer wieder die Freilassung der Feinde, aber auch vehement die den Feinden zugedachte Prügelstrafe[107]. Dass der Ich-Erzähler ein phänomenales Gedächtnis haben muss, habe ich bereits erwähnt. Das gilt für jeden Ich-Erzähler in der Literatur. Dass das erzählende Ich jedoch bei der Erinnerung die Gefühle des erlebenden Ich nochmals durchlebt, ist für Karl Mays Ich-Erzähler typisch.

> Ich schäme mich nicht, zu gestehen, daß mir, indem ich heute dieses schreibe, einige sehr unmännliche Tropfen aus den Augen rinnen. (Der Schut, S. 552)

Der Ich-Erzähler schämt sich nie, wenn er berichtet, dass er als erlebendes Ich in bestimmten Situationen weinte. Doch dass er dies auch beim Schreiben tut, zeigt, wie sehr er sich das Erlebte in der Erinnerung wieder vergegenwärtigen kann. Das ist möglicherweise ein weiterer Grund, warum sich die Perspektiven des erlebenden und des erzählenden Ich vermischen.

Zusammenfassend gibt es also drei Gründe, wie diese Vermischung möglich ist. Erstens ist das erlebende Ich genau so klug und erfahren wie das erzählende und lernt nichts Neues dazu. Sie sind sich also beide in ihren Ansichten gleich. Zweitens benimmt sich das erlebende Ich so vorbildlich, dass das erzählende Ich daran nichts auszusetzen hat. Und drittens erinnert sich das erzählende Ich so lebhaft, dass es bei der Niederschrift der Ereignisse die Gefühle des erlebenden Ich nochmals durchlebt. Da nun die beiden oft nicht auseinander zu halten sind, erhält das erlebende Ich einen Anflug der Allwissenheit, die das erzählende Ich für sich in Anspruch nimmt, und das erzählende Ich einen Anflug der Spontaneität des erlebenden Ich, das sich jeder Situation sofort stellen muss. Dadurch wird das erzählende Ich weniger als Vermittlungsinstanz, das erlebende Ich als weise und über der jeweiligen Situation stehend wahrgenommen.

---

107 Durch das Land der Skipetaren, S. 439f.

6 Bibliographie

Primärtexte

- May, Karl. Durch die Wüste. Historisch-Kritische Ausgabe. Hrsg. H. Wiedenroth und H. Wollschläger. HaffmansTaschenBuch 78. Haffmans Verlag. Zürich 1990.
- Ders. Durchs wilde Kurdistan. Historisch-Kritische Ausgabe. Hrsg. H. Wiedenroth und H. Wollschläger. HaffmansTaschenBuch 86. Haffmans Verlag. Zürich 1990.
- Ders. Von Bagdad nach Stambul. Historisch-Kritische Ausgabe. Hrsg. H. Wiedenroth und H. Wollschläger. HaffmansTaschenBuch 87. Haffmans Verlag. Zürich 1990.
- Ders. In den Schluchten des Balkan. Historisch-Kritische Ausgabe. Hrsg. H. Wiedenroth und H. Wollschläger. HaffmansTaschenBuch 88. Haffmans Verlag. Zürich 1990.
- Ders. Durch das Land der Skipetaren. Historisch-Kritische Ausgabe. Hrsg. H. Wiedenroth und H. Wollschläger. HaffmansTaschenBuch 89. Haffmans Verlag. Zürich 1990.
- Ders. Der Schut. Historisch-Kritische Ausgabe. Hrsg. H. Wiedenroth und H. Wollschläger. HaffmansTaschenBuch 76. Haffmans Verlag. Zürich 1990.
- Ders. Winnetou I. Historisch-Kritische Ausgabe. Hrsg. H. Wiedenroth und H. Wollschläger. HaffmansTaschenBuch 55. Haffmans Verlag. Zürich 1989.
- Ders. Winnetou II. Historisch-Kritische Ausgabe. Hrsg. H. Wiedenroth und H. Wollschläger. HaffmansTaschenBuch 115. Haffmans Verlag. Zürich 1991.
- Ders. Winnetou III. Historisch-Kritische Ausgabe. Hrsg. H. Wiedenroth und H. Wollschläger. HaffmansTaschenBuch 130. Haffmans Verlag. Zürich 1991.
- Ders. „Weihnacht!". Historisch-Kritische Ausgabe. Hrsg. H. Wiedenroth und H. Wollschläger. HaffmansTaschenBuch 54. Haffmans Verlag. Zürich 1989.
- Ders. Im Reiche des silbernen Löwen I. Karl Mays Hauptwerke in 33 Bänden. „Züricher Ausgabe" Band 29. Hrsg. H. Wiedenroth und H. Wollschläger. Parkland Verlag. Zürich 1992.
- Ders. Im Reiche des silbernen Löwen II. Karl Mays Hauptwerke in 33 Bänden. „Züricher Ausgabe" Band 30. Hrsg. H. Wiedenroth und H. Wollschläger. Parkland Verlag. Zürich 1992.
- Ders. Im Reiche des silbernen Löwen III. Freiburger Erstausgaben Band 28. Hrsg. Roland Schmid. Reprint der ersten Buchausgabe von 1902. Karl-May-Verlag. Bamberg 1984.
- Ders. Im Reiche des silbernen Löwen IV. Freiburger Erstausgaben Band 29. Hrsg. Roland Schmid. Reprint der ersten Buchausgabe von 1903. Karl-May-Verlag. Bamberg 1984.
- Ders. Am Jenseits. Freiburger Erstausgaben Band 25. Hrsg. Roland Schmid. Reprint der ersten Buchausgabe von 1899. Karl-May-Verlag. Bamberg 1984.
- Ders. Und Friede auf Erden! Freiburger Erstausgaben Band 30. Hrsg. Roland Schmid. Reprint der ersten Buchausgabe von 1904. Karl-May-Verlag. Bamberg 1984.
- Ders. Ardistan und Dschinnistan I. Freiburger Erstausgaben Band 31. Hrsg. Roland Schmid. Reprint der ersten Buchausgabe von 1909. Karl-May-Verlag. Bamberg 1984.
- Ders. Ardistan und Dschinnistan II. Freiburger Erstausgaben Band 32. Hrsg. Roland Schmid. Reprint der ersten Buchausgabe von 1909. Karl-May-Verlag. Bamberg 1984.
- Ders. Winnetou IV. Freiburger Erstausgaben Band 33. Hrsg. Roland Schmid. Reprint der ersten Buchausgabe von 1910. Karl-May-Verlag. Bamberg 1984.

Sekundärliteratur

- Biermann, Joachim / Winter, Ingmar. Die Roman-Welt als Bühne. Szenen, Szenerien und Szenisches bei Karl May. In: Jahrbuch der Karl-May-Gesellschaft 1991. Hrsg. Claus Roxin, Heinz Stolte, und Hans Wollschläger. Hansa Verlag. Husum 1991. S. 213-250.
- Böhm, Viktor. Karl May und das Geheimnis seines Erfolges. Zweite, neu bearbeitete Auflage. Prisma Verlag. Gütersloh 1979.
- Deeken, Annette. „Seine Majestät das Ich". Zum Abenteuertourismus Karl Mays. Bouvier Verlag Herbert Grundmann. Bonn 1983. (= Abhandlungen zur Kunst-, Musik-, und Literaturwissenschaft Band 339)
- Droop, A. Karl May. Eine Analyse seiner Reise-Erzählungen. Reprint von 1909. Hrsg. Lothar Schmid. Karl-May-Verlag. Bamberg 1993.
- Finke, Max. Mittel der Darstellung. In: Karl-May-Jahrbuch 1927. Hrsg. Ludwig Gurlitt und E. A. Schmid. Karl-May-Verlag. Radebeul bei Dresden 1927.
- Fricke, Harald. Wie trivial sind Wiederholungen? Probleme der Gattungszuordnung von Karl Mays Reiseerzählungen. In: Erzählgattungen der Trivialliteratur. Innsbruck 1984.
- Frigge, Reinhold. Das erwartbare Abenteuer. Massenrezeption und literarisches Interesse am Beispiel der Reiseerzählungen von Karl May. Bouvier Verlag Herbert Grundmann. Bonn 1984. (= Abhandlungen zur Kunst-, Musik- und Literaturwissenschaft Band 357)
- Glowinski, Michal. Der Dialog im Roman. In: Poetica 6. 1974. (Deutsche Fassung eines polnischen Originalbeitrags, übersetzt von Peter Lachmann)
- Hatzig, Hansotto (Hrsg.). Karl May. „Das schönste Wort der Welt ist Liebe". Zitate aus Dichtungen, Briefen und biographischen Schriften. Sonderheft der Karl-May-Gesellschaft Nr. 103/1995.
- Kittstein, Werner. Karl Mays Erzählkunst. Eine Studie zum Roman „Der Geist des Llano estakado". Karl-May-Presse. Ubstadt 1992. (= Materialien zur Karl May-Forschung Band 15)
- Ders. Fiktion als erlebte Wirklichkeit: Zur Erzähltechnik in Karl Mays Reise-Romanen. Teil II: Einzeluntersuchungen an Beispielen der späten Reise-Romane und Altersnovellen. In: Jahrbuch der Karl-May-Gesellschaft 1998. Hrsg. Claus Roxin, Helmut Schmiedt und Hans Wollschläger. Hansa Verlag. Husum1998.
- Ders. „Was nun thun? War ich denn noch nicht da?" Beobachtungen zur Erzählsituation in Karl Mays ‚Satan und Ischariot'. In: Karl Mays „Satan und Ischariot". Hrsg. Dieter Sudhoff / Hartmut Vollmer. Igel Verlag Wissenschaft. Oldenburg 1999. S. 62-78. (= Karl-May-Studien Band 5)
- Klotz, Volker. Durch die Wüste und so weiter. In: Karl May. Hrsg. Helmut Schmiedt. Suhrkamp Taschenbuch Materialien. Frankfurt am Main 1983. S. 75-101.
- Kosciuszko, Bernhard (Hrsg.). Das große Karl May Figurenlexikon. Die Figuren Karl Mays nach den Texten der Erstausgaben. Dritte, verbesserte und ergänzte Auflage. Schwarzkopf & Schwarzkopf Verlag. Berlin 2000.
- Melk, Ulrich. Das Werte- und Normensystem in Karl Mays Winnetou-Trilogie. Igel Verlag Wissenschaft. Paderborn 1992. (= Reihe Literatur- und Medienwissenschaft; 13)
- Ders. Vom klassischen Reiseroman zum mythisch-allegorischen Spätwerk. Kontinuität und Wandel narrativer Strukturen in Karl Mays ‚Silberlöwen'-Tetralogie. In: Karl Mays „Im Reiche des silbernen Löwen". Hrsg. Dieter Sudhoff / Hartmut Vollmer. Igel Verlag Wissenschaft. Paderborn 1993. S. 152-170. (= Karl-May-Studien Band 2)
- Schmiedt, Helmut. „Einer der besten deutschen Erzähler ..."? Karl Mays ‚Winnetou'-Roman unter dem Aspekt der Form. In: Jahrbuch der Karl-May-Gesellschaft 1986. Hrsg.

111

Claus Roxin, Heinz Stolte und Hans Wollschläger. Hansa Verlag. 2., unveränderte Auflage. Husum 1995. S. 33-50.

- Scholdt, Günter. Und ist es wirklich wahr, Sihdi, dass du ein Giaur bleiben willst? Vorläu-
figes über Erzählanfänge bei Karl May. In: Karl May. Hrsg. Heinz Ludwig Arnold. Edition
Text + Kritik. München 1987.
- Stanzel, Franz K. Theorie des Erzählens. 5., unveränderte Auflage. Vandenhoeck & Rup-
recht. Göttingen 1991. (= UTB 904)
- Tarot, Rolf. Narratio Viva. Untersuchungen zur Entwicklungsgeschichte der Erzählkunst
vom Ausgang des 17. Jahrhunderts bis zum Beginn des 20. Jahrhunderts. Band I. Theoreti-
sche Grundlagen. Peter Lang Verlag. Bern 1993. (= Narratio. Arbeiten zur Geschichte und
Theorie der Erzählkunst. Hrsg. Rolf Tarot. Band 8/I)
- Ueding, Gert (Hrsg.). Karl-May-Handbuch. Alfred Kröner Verlag. Stuttgart 1987.
- Ders. „Howgh, ich habe gesprochen". Beredsamkeit in der Fremde: Mays Rhetorik. In:
Jahrbuch der Karl-May-Gesellschaft 1996. Hrsg. Claus Roxin, Helmut Schmiedt und Hans
Wollschläger. Hansa Verlag. Husum 1996. S. 109-132.
- Wiegmann, Hermann. Stil und Erzähltechnik in den Orientbänden Karl Mays. In: Karl
Mays Orientzyklus. Hrsg. Dieter Sudhoff / Hartmut Vollmer. Igel Verlag Wissenschaft.
Paderborn 1991. S. 113-128. (= Karl-May-Studien Band 1)
- Wollschläger, Hans. Karl May. Grundriß eines gebrochenen Lebens. Interpretation zu Per-
sönlichkeit und Werk. Kritik. Hrsg. Klaus Hoffmann. VEB Verlag der Kunst. Dresden
1990. (= Fundus-Bücher 120/121)

Lebenslauf

geboren   30.09.1970

1977-85   Primar- und Sekundarschule in Affoltern a/A

1985-89   Kantonsschule Enge, Zürich, Matura Typus E

1989-96   Studium an der Philosophischen Fakultät der Universität
                    Zürich

Februar 1996   lic.phil.I

Juni 1996-Januar 2000   Mitarbeiterin im Buchhandel

Oktober 1996-Juli 2001 Doktorandin von Prof. Dr. Rolf Tarot an der Universität
                        Zürich